華人民共和国史 新版

児 慧
Satoshi Amako

岩波新書
1441

はじめに

躍進する中国

二一世紀に入り、世界の眼は中華人民共和国に注がれるようになってきた。一九七八年一二月に、中国は継続革命から近代化建設に大きく舵を切った。その後、経済改革・対外開放路線の推進のもとに高度経済成長を続け、二〇一〇年にはついに日本のＧＤＰを超えて世界第二位の経済大国に躍進した。軍事力も軍事費、核・ミサイル開発、空母建造、ハイテク化などにより、今日では米国に次ぐ世界第二位の軍事大国となったと言われる。米国、日本の世界におけるプレゼンスが相対的に低下しているのに対して、中国の躍進は目を見張るばかりであり、「二一世紀は中国の世紀」と表現する人も少なくはない。

二〇〇九年、中華人民共和国は建国以来六〇年の歳月を数えた。その前年の二〇〇八年には北京オリンピックを華々しく開催し、中国の凄さを大いに世界にアピールした。さらに二〇一〇年には上海において万国博覧会(万博)を実施し、参加国・地域、国際機関は万博史上最多の二四六を数え、入場者数も史上最高を記録し、大いなる盛況ぶりを見せた。そして翌二〇一一年七月、中国共産党(以下、中共と表記)建党九十周年を迎えた。

二〇世紀はある意味で「革命の世紀」「戦争の世紀」とも呼ばれ、まさにその落とし子として世界各地に共産主義運動が勃興し、ソ連をはじめ次々と社会主義国家が誕生し、社会主義陣営が生まれ、資本主義陣営と対立する冷戦構造が二〇世紀後半を大きく規定した。しかし、二〇世紀の最後の一〇年の中で社会主義国家は次々と崩壊し、共産党組織自体もその大半が解党し、革命の色を失った。そうした中で、中国共産党のみが毎年党員数を増やし、二〇一二年末で八五〇〇万人を超える世界最大の執政政党として、中国の中核に君臨し続けている。

このようなめざましい膨張に、中国をあるいは中国共産党を駆り立てているものは何であろうか。それを解くキーワードは、「中華民族の偉大な復興」という表現にある。この表現がはじめて公式に使われたのは、二〇〇二年秋、中国共産党第十六回全国代表大会(以後、「中共第〇〇回全国大会」と略記)の「政治報告」の時であった。その後、党や国家の重要な会議が開かれるたびに、中国指導者が自らをあるいは国民を奮い立たせ、躍進する中国を「誇り高く」表現するとき、つねにこの表現が用いられるようになった。

中華民族の偉大な復興

しかし、極めてナショナリスティックで、過去の歴史や伝統に強く引き戻される響きをもつこの表現を、少なくとも建前として共産主義を唱える政党が堂々と使うのは、何となく奇異な印象を持ってしまう。その理由を考えれば、世界の近現代史の中で中国が強いられ、もがき、紆余曲折、暗中模索してきた「過去の縛り」から解き放たれ、自らを取り戻すことがようやく可能となってきたことへの強い「自己主張」の現れと言えるかもしれない。

そもそも「中華民族」という言葉は、古くから存在していたものではない。それは列強諸国の侵略を受けながら、伝統的な王朝体制からの脱却、近代国家の建設を希求した清末期、改革派の指導者・梁啓超《りょうけいちょう》によって清朝版図内に住む人々を一つの「国民」にまとめようとしてつくられた造語である。その意味で「中華民族」には、近代国家を目指し、国内的にバラバラな種族間の対立と対外的に侵略を余儀なくされている民族の危機が背景にあったのである。

中国近現代史のダイナミズム

中国近現代の歴史を全体としてどのように理解したらよいのであろうか。一九一一年の辛亥革命によって清朝が滅び、アジア最初の近代的な共和国として知られる中華民国が翌一九一二年に成立して、ちょうど一世紀が過ぎた。しかし、中華民国は実態としては決して近代的な共和国を実現しなかった。内には古い伝統的な体質を持った軍人が各地に割拠し、民は虫けらのように扱われ、外からは列強が足音を立てて侵略に乗り出していた。辛亥革命をいろいろな形で支援した日本自身が、やがて最大の侵略者となっていった。中国国民党と連携し、抗日戦争を戦った共産党が次第に勢力を増し、日本の敗北後は国共が覇を争い、一九四九年ついに国民党勢力を一掃し、中華人民共和国が成立した。

かつて多くの中国研究者たちは、一九四九年をもって「古い中国」「暗黒の中国」「皇帝独裁の中国」から「新しい中国」「光明の中国」「人民の中国」への一大転換が実現したと語った。革命の主体(正義)が「間違った」「痛ましい」(不正義の)現実を変革し、新たな正しい世界を創造したという、いわゆる「革命史観」である。この史観は毛沢東時代が終わるまできわめて有力で、プロレタリア文化大革命を同じような「光明の中国」を創造する「正義の革命」として理解するといった深刻な誤謬を犯した。あるいは他方で、中国の伝統、文化の強さを重視し、中国を「三千年の体質」といった固定的な観念で捉えようとする、いわゆる「文明史観」も根強く影響力を保ち続けてきた。

しかしながら今日に至る数多くの事実は、中国の歴史がより複雑な構造を持ち、よりダイナミックなものであることを示している。例えば、一九四九年の以前と以後との間に、たしかにドラスティックな転換があった。と同時に権力の在り方や支配思想、人々の政治意識や人的ネットワークなど様々な面で連続した「不変化の側面」も見て取ることができる。さらに四九年以降の歴史の中には、けっして「光明の中国」でも「人民が主人公の中国」でもなく、四九年以前の時期にさえ経験したことがないほどの「挫折」や「悲劇」が発生している。あるいは様々な試練の中で暗中模索、試行錯誤、政治的退行といった「あがき」にも似た道を歩んだ軌跡を見ることもできる。

歴史は停滞的、固定的でもなければ直線的に発展するものでもない。一九四九年の意味、あるいはその後の大躍進、文化大革命などの意味を問うことは、中国革命とは何であったのかを問うことに通ずる。毛沢東以後の歴史もまた中国にとって近代化とは何かを問うことになる。そして中国革命、中国近代化の意味を問うことは、一〇〇年の歴史の中で中国が何を目指し歩み続けていたのかを考えることにもなる。「中華民族の偉大な復興」を二一世紀の標語として掲げていること自体が、まさに歴史の中で今日の中国をあらためて問い直すことにもなるのである。

五つのファクター

私はかつて近現代中国を理解する鍵は「変わって変わらぬ中国」をどう説明できるかにある、と禅問答にも似た自問を発したことがある。中国には、激しく揺れ動く政策・権力的変動とその底辺にある容易に変わりにくい社会構造という強い重層性が存在すること、そして、変わりにくい社会構造自体が、改革開放の三〇年間で徐々に溶けるように変わっているところに中国の歴史的変動の特徴を解く鍵があると指摘した(『中国――溶変する社会主義大国』)。しかし本書では、こうした政治社会構造を本格的に論じることは避け、近現代の歴史のダイナミックな流れをどのように説明するかに力点をおいて論述したい。

中国近現代史全体を鳥瞰し、歴史のダイナミックスを創り出す基本的なファクターを抽出してみるなら、以下の五つが浮かび上がってくる。すなわち、①革命のファクター、ここでいう革命とは破壊的、暴力的な手段によって現体制やそれを担う主体、経済的社会的思想的基盤

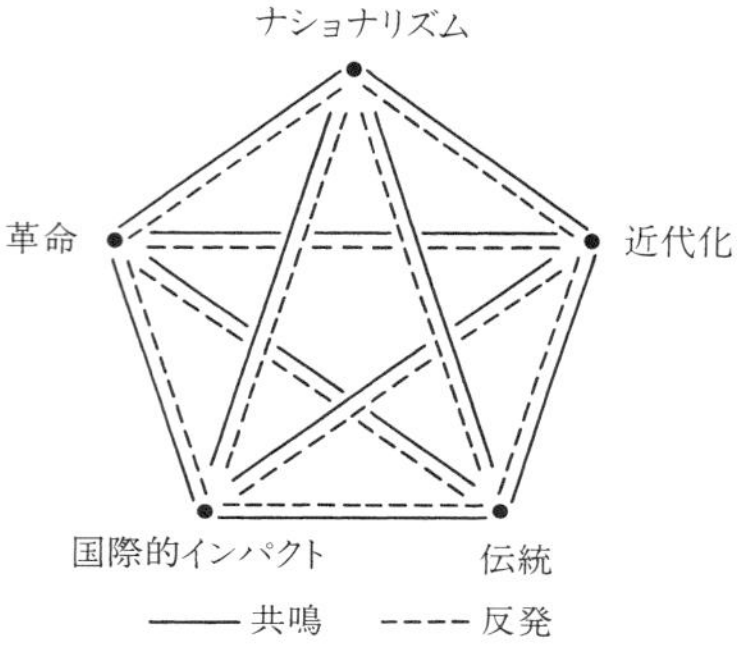

中国近現代史の5つのファクター

を破壊しようとする行為を指す。②近代化のファクター、無論、ここでは経済的近代化のみならず、政治的な国民国家建設や西欧近代思想の受容なども含んでいる。そして両者に覆いかぶさるように関わる、③ナショナリズムのファクターがある。さらに、これらを突き動かす、④国際的インパクトのファクターがあり、そして一般的には革命や近代化の対象となりながらも、しばしば革命や近代化そのものに作用し、それらを「中国的なもの」にする⑤伝統のファクターがある。この五つのファクターを各頂点とし、それぞれの頂点を結びつける五角形の辺――共鳴し合う辺と反発し合う辺の二種類――を描いてみよう(図を参照)。

そして、例えば変法自強運動、辛亥革命、蔣介石の国民革命、一九四九年革命、文化大革命、鄧小平の改革開放の実践などは、それぞれどの辺とどの辺の組み合わせを中心に作用していたのかを考えてみると、個々の歴史事件・行動の特徴が浮かび上がってくる。さらには主な歴史の流れの中で何が連続し何が不連続なのかを考える手引きにもなり得る。あるいは毛沢東革命や鄧小平改革も、この五つのファクターの組み合わせから一定の特徴づけが可能である。

例えば辛亥革命も一九四九年革命も、ナショナリズムと革命および近代化が共鳴し合った一大事件であり、その点で強い共通性が見られる。中国近現代史の革命や改革の試みの多くはこの三角形を基本にしていることがわかる。しかし、辛亥革命は国際的インパクト(帝国主義列強の介入)への反応の点でも、伝統ファクターとの関係でも明確な対決の方向性が見られず、曖昧なまま帝国主義列強の取り込みや反清朝の伝統勢力への依存を強めるといった特徴があった。これに対して一九四九年革命は、少なくとも政治的には伝統勢力との対決を明確にし、かつ進行する冷戦枠組みに取り込まれ、ソ連傾斜を強めるという選択(国際的インパクトの吸引性)を鮮明にしている。

毛沢東と鄧小平

あるいは毛沢東の革命の特徴として、ナショナリズムと革命の二点を結ぶ辺が基軸になり、伝統に関しては、変革の対象としての伝統社会には攻撃的でありながらも、革命の手法の中に伝統を取り込むことには肯定的であり、反発と依存の関係が並存していることがわかる。国際的インパクトに対しては全体として過敏に反応し対抗的=自己主張的である。これに対して鄧小平の改革の特徴は、ナショナリズムと近代化の二点を結ぶ辺を基軸とし、富強の近代的国民国家建設を大々的に目標に掲げた。そのため国際的インパクトの受け入れは開放路線を掲げていることに見られるように、毛時代とは対照的に積極的である。ただしそれは、八九年の第二次天安門事件をめぐって「全面西欧化」に強く反発したように、列強・先進国の介入には過敏に反応している点は毛沢東時代と共通している。

旧版の「はじめに」の最後で筆者は、「おそらく中国の成長がこのまま持続し、二一世紀に、政治はもとより経済、軍事の面でも大国化し、米国に対するある種の対抗軸になり得るとするなら、ナショナリズムと伝統を結ぶ軸が近代化の進展と国際インパクトの中でどのように再生されていくのかがキー・ポイントとなる」と指摘した。近代化に邁進することで強大化した中国が、今日「中華民族の偉大な復興」という標語によってナショナリズムと伝統を結びつけ、さらに国際的なインパクトに逆にチャレンジし、自己流の国際秩序の構築に向かおうとしているのか否か。こうした問題意識を持ちながら、現代中国の歴史を筆者なりに解釈し鳥瞰してみることにしよう。

目次

第三章　プロレタリア文化大革命……57

第四章　曲折する近代化への転換……91

第五章　改革開放路線と第二次天安門事件……123

ロシア
漠河
黒龍江省
大慶
ハルビン
長春
吉林省
内蒙古自治区
瀋陽
遼寧省
朝鮮民主主義人民共和国
フフホト
北京市(首都)
寧夏回族自治区
銀川
天津市
大連
河北省
大韓民国
太原
石家荘
大寨
済南
青島
延安
山西省
山東省
七里営
日本
鄭州
西安
陝西省
河南省
江蘇省
合肥
南京
上海市
湖北省
安徽省
武漢
杭州
重慶
浙江省
南昌
長沙
江西省
遵義
湖南省
井岡山
沖縄島
福州
馬祖島
尖閣諸島
貴陽
福建省
貴州省
与那国島
宮古島
厦門
金門島
台北
石垣島
西表島
台湾
広西チワン族自治区
広東省
広州
南寧
深圳
香港特別行政区
マカオ特別行政区
海口
海南省
フィリピン
国境線
省・自治区・直轄市境
国境係争地
直轄市
省·自治区等政府所在地
その他の重要都市

中華人民共和国行政区画
カザフスタン
モンゴル
キルギス
ウルムチ
タジキスタン
新疆ウイグル自治区
甘粛省
アクサイチン
青海省
西寧
蘭州
チベット自治区
ネパール
ラサ
成都
マクマホンライン
四川省
ブータン
インド
バングラデシュ
瑞麗
昆明
雲南省
ミャンマー
ベトナム
ラオス
タイ
0
500 km

中国権力組織図

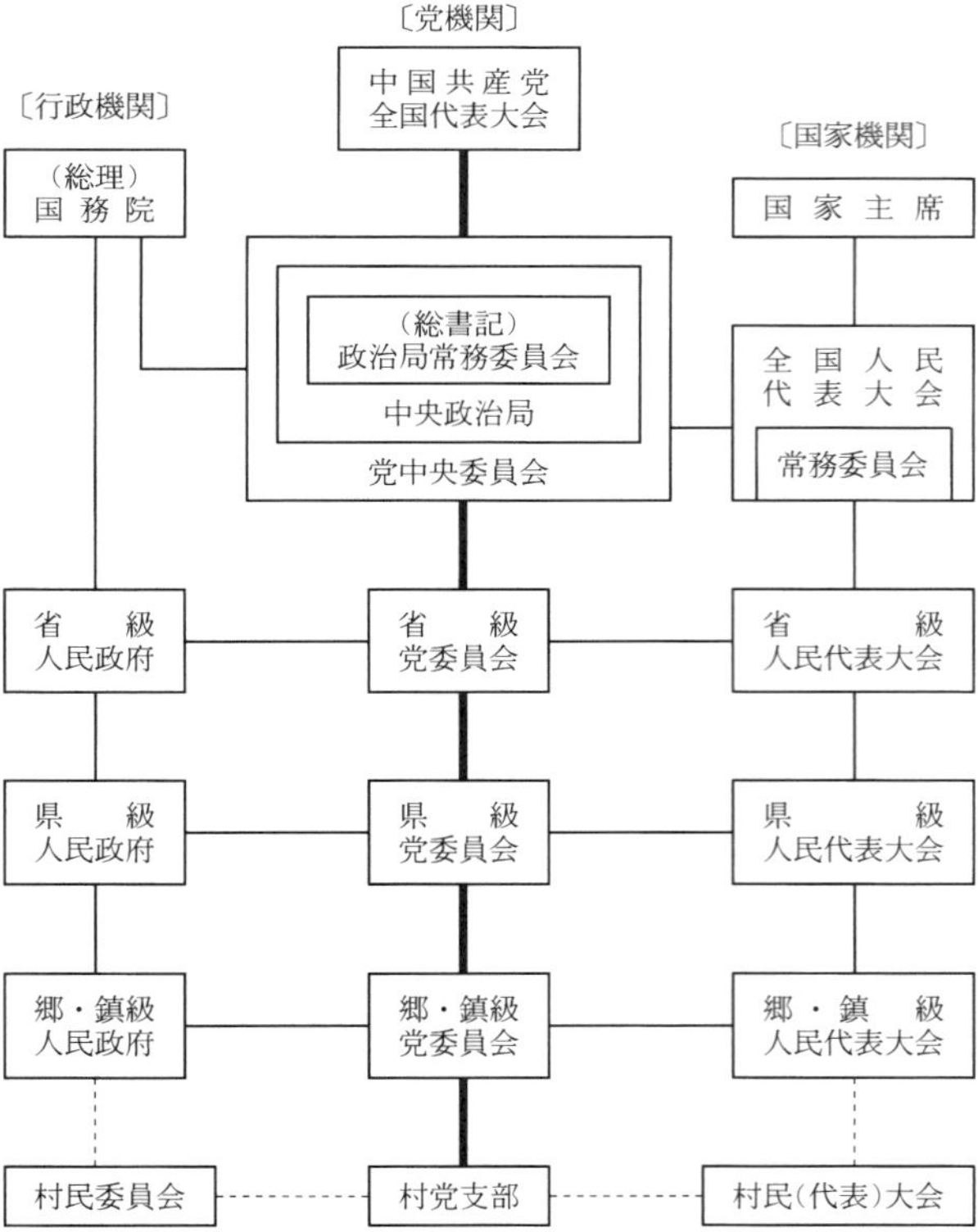

※ただし，人民公社時代は郷・鎮級以下の組織は人民公社に編成.
軍・司法系統を除く．1982 年以前の党の最高ポストは党主席.

序章　中華人民共和国前史

湖北軍政府成立宣言(1911年10月11日). 旗は18省の結束を表した軍政府の十八星の軍旗. 写真提供：中国通信社.

一九四九年以降の歴史の入り口に立つ前に、いま少しばかりそれまでの近代史の流れを簡単に振り返っておこう。

アヘン戦争から辛亥革命へ

よく知られているように、清朝体制に衝撃を与えた最初の大事件はアヘン戦争(一八四〇―四二年)であった。対外的には、これによって清朝が固持し続けていた「朝貢《ちょうこう》(冊《さく》封《ほう》)体制」が崩れ始めたのだが、国内では清朝の旧体制を揺さぶる新たな勢力台頭の重要な契機にもなった。一八五〇年、洪秀全《こうしゅうぜん》を指導者として華南から華中一帯に広まった農民反乱＝太平天国運動は、清朝打倒のスローガン「滅満興漢《めつまんこうかん》」を掲げ、さらには社会革命とも言える「天《てん》朝田畝制《ちょうでんぽせい》」(平等・公有の主張)を唱えながら一挙に勢力を拡大し、南京を首都とし清朝に対抗する新しい国家体制の建設に取り組んだ。が、やがて深刻な内部抗争、曽国藩《そうこくはん》・李鴻章《りこうしょう》軍の攻勢などによって一八六四年に崩壊した。

近代的な国家建設にとって重要な契機となったのは日清戦争(一八九四―九五年)の敗北であった。この結果、清朝を擁護しながらも西洋の制度・思想を積極的に取り込み、明治維新のやり方を参考にしながら中国を近代国家に変えるべきと説く「変法自強」の主張が康有為《こうゆうい》、梁啓《りょうけい》超《ちょう》らによって唱えられるようになった。しかしこの改革も、西太后《せいたいごう》ら保守派の反撃に遭い挫折した。

新しい国造りを模索する中で、孫文《そんぶん》らは民族・民権・民生の実現を図る「三民主義」を掲げ、さらに「排満興漢《はいまんこうかん》」をスローガンに清朝の打倒、共和国の樹立を図った。やがて一九一一年一〇月、辛亥革命が勃発し各地の省が独立を宣言し、中華民国臨時政府が結成され、孫文が臨時大総統となり、ここに最後の中華帝国・清朝は崩壊した。辛亥革命は、たしかに従来の中華帝国とは異なった共和国「中華民国」を生み出し、孫文の考えを色濃く反映した臨時約法(憲法)が制定され、近代的な国家建設の道を歩むかに見えた。しかし、実際には袁世凱《えんせいがい》と政治取引をし、大総統の地位を袁世凱に与えたことなどにより、辛亥革命は挫折を余儀なくされた。そして一六年、袁世凱の病死により中国は統一に向かうどころか逆に「軍閥割拠」とも言われる混沌とした状況が形成された。

国共合作から北伐へ

世界史的に見れば、第一次世界大戦が勃発し、民族独立の声が高まり、ロシア革命によって世界で初めての社会主義国家が誕生していた。中国では、日本が一九一五年に北京政府に「対華二十一カ条要求」を突きつけ、それに反発する愛国主義的運動が高まっていた。第一次世界大戦が終結し、一九年六月にはヴェルサイユ講和条約が結ばれた。しかし、ここで中国がドイツに奪われていた利権は中国に返還されず、日本に譲渡されることが承認された。これに憤慨した北京の学生らの抗議に端を発し、「五・四運動」と呼ばれる反日愛国のナショナリズム運動が沸き起こった。こうした中で、二一年七月、コミンテルンの強い影響の下で中国共産党が結成された。

ロシア革命以降、孫文も徐々にソ連に接近し、二四年に中国国民党はコミンテルンの援助を受けながら改組に踏み切り、「連ソ、容共、労農扶助」「反帝、反封建」を鮮明に掲げた。その下で、少数の共産党員は、同時に国民党の党籍も有して国民革命に参加するという第一次国共合作が正式に成立した。しかし二五年三月、孫文が死去した後、国民党は左派と右派が主導権を争い、やがて軍を背景に蔣介石《しょうかいせき》が実権を握った。二六年七月、孫文の遺訓を継ぎ「北伐」が宣言され、北京に向けて北上を開始した。

その途上の上海で蔣介石は二七年四月、共産党を徹底弾圧・排除する、いわゆる「四・一二クーデター」を起こした。共産党はそれでも、汪精衛《おうせいえい》(汪兆銘《おうちょうめい》)ら国民党左派との合作に固執したが失敗し、勢力を大きく後退させながら農村の辺境地帯に拠点を移し、国民党との内戦の道を歩むこととなった。蔣介石に率いられた国民革命軍は、翌二八年六月、北京を占領し北伐を完成させ、一〇月に蔣は南京国民政府主席に就任し、形の上では全国統一を成し遂げた。

日本の侵略と毛沢東

世界史的には一九二九年の世界恐慌前後から、国際社会は不況と混乱を強め、ドイツでヒトラーのナチズム、イタリアでムッソリーニのファシズム、日本で軍部勢力が台頭し、英、米、仏などを中心とする既存の国際秩序に敢えて挑戦する空気が強まった。日本は金融恐慌・不況に苦しみ、中国大陸への侵略を強め勢力拡大を加速した。しかし、蔣介石は「安内攘外」(まず内憂を解決して外患〈＝日本〉にあたる)政策をとり、二九、三〇年には集中的に閻錫山《えんしゃくざん》ら反蔣勢力に打撃を加えた。三〇年代前半は、満州事変、上海事変、熱河占領など日本の侵攻を除けば、南京国民政府は相対的な安定期に入り、国民党主導による政治体制の強化、幣制改革の実施、民族資本主義的な経済の発展も沿海地域で見られ、「近代的統一国民国家」建設へ向け大きな一歩を踏み出していた。蔣介石は国内安定のため、華南農村一帯で勢力を拡張し始めていた共産党勢力の掃討戦を展開した。

この地域で農村根拠地を拡大していた指導者こそ毛沢東《もうたくとう》であった。中共の結党以来、毛は必ずしも党中央の主流派的指導者ではなく、農村を根拠地とし、農民運動を重視する彼の革命方式は、都市の労働運動を重視するコミンテルン・中共主流派にとって異端的存在であった。しかし、都市において壊滅的打撃を受けた当時の中共にとって、農村辺境地帯は彼らの唯一の生存空間であった。ここで地主・郷紳《きょうしん》といった当地の支配者を打倒し、土地財産を没収し貧農に分配し、彼らを革命勢力に取り込む毛沢東の方式は効を奏し、その勢力は急速に拡大した。やがて三一年一一月、中共は江西省瑞金《ずいきん》を首都とし、毛沢東を政府主席とする中華ソビエト共和国臨時中央政府を樹立した。いくつかの資料から見れば三四年時点で各地のソビエト区を合計すると約三六〇〇万人、一〇万平方キロ余りがその支配下に入っていた。独自の軍隊(紅軍)は二〇万人に達し、まさに清朝末期の太平天国のような二重権力の出現を見たのであった。

長征・西安事件

三四年、蔣介石は最高司令官となり、第五次の共産党包囲討伐に自ら乗り出した。圧倒的な国民党軍の一歩一歩包囲を絞り込んでいく作戦に中共軍は苦しみ、ついに三四年秋、江西省の中央根拠地を放棄し、西に向かってあてのない脱出の旅を余儀なくされた。その後、戦闘と飢えと厳しい気候に苛まれながら、一年余り続いた一万二五〇〇キロにも及ぶ旅で、陝西省山岳地(呉起鎮《ごきちん》、のちに延安に移る)にたどり着いた。この大移動こそ「長征」であり、この途上の三五年一月、貴州省の遵義《じゅんぎ》で中共中央政治局拡大会議が開かれ、毛沢東が初めて共産党の指揮をとることが決定された。以後、毛は徐々に権力を強固なものとしていった。

三五年七月、コミンテルン第七回大会で決議された「反ファシズム国際統一戦線」の結成の呼びかけに呼応し、中共は内戦停止・一致抗日を呼びかけた(「抗日八・一宣言」)。以後、学生・青年を中心に大規模な各界の抗日救国運動が発展していった。三六年一二月、関東軍によって父・張作霖《ちょうさくりん》を爆殺された東北の将軍・張学良《ちょうがくりょう》らが蔣介石に一致抗日を迫った「西安事件」が発生し、やがて内戦が停止された。

抗日戦争の勝利

抗日戦争は三七年七月の盧溝橋事件以後、全面戦争の様相を呈し、前段階では日本軍は破竹の勢いで進撃した。しかし、広範で執拗な民族抵抗は続き、日本の支配は主要都市部の占領にとどまり、農村では抗日ゲリラに悩まされ不安定の様相を強めた。やがて戦線は対峙・膠着の状態に陥った。蔣介石は、日本との交戦を続ける一方で中共の勢力拡大を強く警戒しはじめ、中共に対し厳しい封鎖攻撃を展開した。

中共は戦力の後退を余儀なくされながらも、大生産運動、精兵簡政《せいへいかんせい》(軍の精鋭化、行政の簡素化)、自力更生、刻苦奮闘に力を入れた。この精神は後に延安整風と呼ばれるようになったが、そこには反毛沢東グループに対する徹底した粛清(後の反右派闘争にもつながる)も含まれていた。さらに抗日の旗を高く掲げることによって広範な学生・青年・知識人らの共感を勝ち取っていった。

毛沢東は抗日戦争開始後まもなく、この戦争の性格、戦争を取り巻く国内外の情勢、敵・友の戦力比較などを分析し、敵の侵攻、味方の防御の段階(積極的防御)、敵と味方の前線の膠着の段階(対峙)、敵の疲弊、味方の反撃の段階(積極的反攻)の三つの段階に分け、それぞれの段階の特徴となすべき任務、さらに時期的予想を設定した。これは後に「持久戦論」として毛沢東の輝ける軍事戦略論の一つとなった。驚くことに毛の読みは最終段階の中国側の攻勢の見とおしが幾分異なっていた他は、ほとんど的中していた。内戦の最終段階では、国共の対立の中で中国側の戦力も消耗したが、他方、日本側も太平洋に戦線を拡大し米国と全面対決し、本土攻撃も受けるようになったため、急速に戦力を低下させていた。

蔣介石を含めルーズベルト米大統領とチャーチル英首相は、四三年にカイロ会談を行い、対日戦争の協力、日本の無条件降伏を含めた太平洋地域の戦後構想について合意に達した。その後、四五年二月には、米英両首脳はスターリンを加えヤルタ会談を行った。樺太・千島のソ連領有などの承諾と引き替えに、日ソ中立条約の破棄が秘密に約束された。やがてソ連の対日参戦、広島、長崎への原爆投下があり、日本はポツダム宣言を受諾し、無条件降伏を受け入れ、中国大陸での戦闘も停止した。中国は満身創痍になりながらも連合軍の一員として抗日戦を勝ちぬいた。まさに辛勝だったのである。

ふたたび内戦へ

国力が疲弊し、国民が飢餓に苛まれる中で、まもなく内戦に反対し平和的な統一国家の実現を求める声が急速に高まった。それを受けて四五年八月末より蔣介石・毛沢東の巨頭会談が重慶で実現した。一〇月一〇日には蔣介石を最高指導者とする統一国家の建設に合意した「重慶会談紀要」(双十協定)が発表された。しかし、中共統治の地方政権、中共軍などの扱いをめぐって、さらに日本が支配していた東北地域の行政機構、軍事力、工場などの接収をめぐって両者は対立を深め、翌四六年七月、国共は再び全面内戦に入った。内戦当初の戦力比は、支配している人口・土地面積・都市の数、軍の兵力数・武器などを大雑把に見積もって、国民党対中共は四対一であった。内戦開始後、国民党は延安に進攻し四七年三月には当地を占領した。蔣介石は四八年元旦の年頭の辞で「一年以内に共匪《きょうひ》を一掃する」と豪語するほどであった。

しかし、毛沢東はここでも持久戦、遊撃戦を展開し、敵軍を農村、山岳の奥に引き込み攪乱し徐々に消耗させた。毛の基本戦略は、「持久戦」「遊撃戦」の基盤となる人民を巻き込んだ「人民戦争論」、広範な中間層そして時には敵の一部をも味方に引き入れる「統一戦線論」、党の絶対指導下にある軍・政府を保証する「根拠地論」から成り立っていた。内戦を戦う一方で、農村では地主の土地を奪取し貧しい農民に分け与える土地改革を実施し、多くの大衆を味方に引き入れた。都市では蔣介石政権の腐敗、独裁を暴き、日本に代わって侵略を企てる米帝国主義の手先となっていると煽り、貧しい市民、中間層を取り込んでいった。

情勢は防御からやがて対峙に、そして四八年に入り反攻の段階に移った。中共は同年九月から一二月、遼瀋《りょうしん》戦役、淮海《わいかい》戦役、平津《へいしん》(北平・天津)戦役と呼ばれる国民党軍との三つの大戦役に勝利し、怒濤のごとく南下し国民党勢力を追い詰めていった。四九年一月、北平は無血開城され、五月以降、国民党政府は台湾移転を開始し、戦局は決着した。六月、新たな国家を建設するため、国民党系を除く全国各界の重要人物を集めた新政治協商会議準備会議が開かれ建国の基本方針が討議された。九月、正式に中国人民政治協商会議(以下、「政協」と略記)が招集され、国号を中華人民共和国、首都を北京と改名し、中央人民政府の基本構成(政府主席＝毛沢東、政務院総理＝周恩来《しゅうおんらい》など)が決められた。中華人民共和国の建国であった。

第一章　新中国の誕生と国造りの模索

国共内戦を勝ち抜き，新中国樹立に向けて北平(北京)に入城する中共軍(1949 年 1 月)．写真提供：中国通信社．

1　新民主主義共和国としてのスタート

新中国の構想

毛沢東は一九四〇年に中国革命の現段階と将来の展望に関して論じた「新民主主義論」を発表した。彼はここで、中国革命を古い型のブルジョア民主主義革命でも社会主義でもない新民主主義革命として、すなわち中国のめざす政権を米国型のブルジョア独裁でもソ連型のプロレタリア独裁でもない第三の道の政権として位置づけた。

一九四五年四月、中共第七回全国大会が開かれ毛沢東は「連合政府論」と題する「政治報告」を行った。そこでは国民党が第六回全国大会で提起しようとした国民党中心の政権構想に対し、第二次世界大戦終結を前にした上記の新民主主議論をベースにした新国家建設構想を提起した。毛はここで実現されるべき国家・社会を次のように描いている。

「新民主主義制度の全期間を通じて、中国は一階級の独裁および一党による政府機構独占の制度ではあり得ないし、そうあるべきものでもない。……ロシアの制度とも違う特殊な形態、つまり幾つかの民主的諸階級の連合による新民主主義の国家形態と政権形態は、長い期間を経ていくうちに生まれるであろう」(『毛沢東選集』第二巻)。

国民党一党独裁の恐怖、内戦の混乱による極度の疲弊、食糧不足、物価の激しい高騰による飢餓などに苦しむ民衆、民主的で公正な政府の出現を求める反国民党、非共産党系の民主勢力や知識人たちは、毛が提唱した新民主主義の連合独裁政権を強く支持するようになった。共産党はこれに応えるべく、新しい国家の基本綱領として、民主諸党派・無党派人士らとともに作成した「中国人民政治協商会議共同綱領」を四九年六月に採択し、新国家の柱と定めた。

戦時体制下の建国

アヘン戦争から数えて約一〇〇年、清朝崩壊からでも約四〇年の歳月を経て一九四九年一〇月一日、ようやく「統一」した新国家が誕生した。当日国家の指導者たちは天安門の壇上に列席し、三〇万人の市民や軍人が天安門広場に参集した。林伯渠《りんはくきょ》中央人民政府秘書長が式典の開始を宣言し、国歌「義勇軍行進曲」が奏でられ、中央政府主席・毛沢東によって中華人民共和国の成立が厳かに宣告された。しかし新国家の成立は直ちに平和・秩序の回復、経済復興・建設の道を保証したものではなく、各方面での緊張や戦闘が続く中での、いわば「戦時体制下の建国」であった。

われわれは、四九年の中華人民共和国の成立を二つの点で誤解しがちである。第一はこの時点で国家体制が確立したという誤解である。第二はこの時点で中国が社会主義国家もしくは共産主義国家になったという誤解である。あえて「戦時体制下」と表現したのは、国家体制を見ても十分ではなく、骨格の部分でさえ臨時的、暫定的な措置が色濃く残っていたことを強調せ

中国革命・新中国建設の三大功労者――左から周恩来，朱徳，毛沢東．写真提供：中国通信社．

んがためである。例えば最高権力機関として全国人民代表大会(全人代)を設置することが規定されていたが、当時はまだ実現しておらず、これに代わる機関として機能したのが前述した統一戦線的機構の中国人民政治協商会議であった。同会議は正式代表と候補をあわせ党派代表一六五名、地区代表一一六名、軍代表七一名、人民団体代表二三五名、特別招請代表七五名の計六六二名によって構成され、重要議題を討議・決定した。さらにまだ憲法を持つことがなく、政協の「共同綱領」が憲法に代わる役割を担った。

　中共が中心的なリーダーシップを発揮したのは言うまでもないが、建国当初の政権はその構成、基本政策から見るならば、決して社会主義、共産主義国家と言い得るものではなかった。政権構成から見るならば、解放区で採用されていた「三三制」(共産党、左派、中間派に議席を一対一対一に等分する方式)の延長で捉えられる、中共としてはかなり自制的な統一戦線政権の性格が強かった。例えば、政協の党派正式代表一四二名中、中共代表はわずか一六名にとどまり、中国国民党革命委員会、中国民主同盟と同数であった。中央政府でも非中共系指導者は、副主席の中では六名中三名、政府委員の中では五六名中二九名、政務院(国務院の前身)の副総理は四名中二名、閣僚にあたる政務院の部長・委員会主任は三三名中一五名とそれぞれ五〇%前後を占めた。このように非中共系指導者の政権への参加は、たんに民主的ポーズを取るための体裁程度のものではなかった。

政権の基本理念・政策

政権の基本理念や基本政策は前述した毛沢東の「新民主主義論」と「連合政府論」を柱にしていた。「共同綱領」を見るならば、前文において「人民政治協商会議は新民主主義すなわち人民民主主義を中華人民共和国の政治的基礎とすることに……一致して同意する」ことが謳われた。そして、その目指すところは、「中国の独立・民主・平和・統一および富強のために奮闘し」、「しだいに農業国を工業国に変えていく」(第一章)という、いわば近代国家の建設であった。こうした普通の近代化論は五〇年代後半から七〇年代後半まで、毛の独特の革命・社会観によって公然とは主張されなかったが、その後、鄧《とう》小平《しょうへい》のもとで復活することになるのである。

さらに当時の基本政策を見るならば、ここでも「新民主主義論」の考えが色濃く投影されている。その主な点としては、①中国国内における外国帝国主義の特権を取り消し、官僚資本を没収し国家所有にすること、②経済は社会主義的な国営経済と半社会主義的な合作経済、農業および私的資本主義の個人経済の三者混合経済方式を採り、公私兼顧・労資両利、都市と農村の互助・生産発展を基本とすること、③外交は国の独立・自由および領土の保全と相互尊重の基礎の上に国際的な恒久平和と友好協力を擁護し、帝国主義の侵略・戦争政策に反対すること、などであった。

戦時体制の四つの側面

しかし、新しい国家を取り巻く情勢は決して穏やかなものではなく、むしろ戦時体制下といって過言ではなかった。「戦時体制下」とは四つの側面からなる。まず第一は、依然として各地で続く国民党軍との戦闘である。建国の時点で国民党軍はなお一〇〇万余りの軍隊を擁し、広州一帯の華南地域、重慶一帯の西南地域、そして台湾にその勢力を保持していた。華南・西南地域は四九年一〇月初旬から五〇年三月にかけて、連続的に戦闘が展開され、中共軍は国民党軍の掃討に成功した。これらの戦闘の主力は、劉伯《りゅうはく》承《しょう》・鄧小平に率いられた第二野戦軍と、林彪《りんぴょう》・羅栄桓《らえいかん》に率いられた第四野戦軍であった。ほぼ同じ時期、王震《おうしん》に率いられた第一野戦軍兵団は新疆《しんきょう》を支配下に入れた。続く五〇年四月以降の戦闘は海南島、チベットなどに移り、翌五一年までに台湾を除く大陸全土をほぼ平定することとなったのである。

第二は、内戦と時をほぼ同じくして始まった米ソ対決、東西冷戦に伴う国際的緊張の深刻化であった。内戦の勝利が近づいた頃の中共指導者たちの本音は、ソ連は社会主義体制でありながらも歴史的、政治的に不信感があるため、米国とも一定の友好的関係を維持したいということであり、水面下での関係正常化が模索されたこともある。一〇月一日の政府布告でも「平等、互恵、領土・主権の相互尊重を遵守する如何なる外国の政府とも均しく外交関係を望む」と呼びかけている。しかし四七年三月の共産主義への対抗政策である「トルーマン・ドクトリン」により本格化した冷戦は、短時間でマーシャル・プラン、NATO(北大西洋条約機構)体制とコミンフォルム、コメコン、ワルシャワ条約機構体制という二大陣営を形成した。とくに四八年、コミンフォルムがユーゴスラビア共産党を除名したことは、中共にあいまいな第三の道の可能性を大幅に減少させた。さらに台湾へ移った国民党政権は、米国の巨大な軍事・経済支援を受けながら「大陸反攻」の機をうかがっていた。こうした中で毛沢東は「向ソ一辺倒」の外交を決断した。

建国間もない一二月、毛はスターリン七〇歳の誕生祝賀の名目でモスクワ入りした。そして翌五〇年二月、中ソ友好同盟相互援助条約が結ばれるまで、実に二カ月以上もソ連に滞在していたのである。誕生したばかりの国家の最高指導者が、その直後にこれほど長期間自国を留守にすることは異常である。そして東北地区や新疆地区におけるソ連の特権を認めた条約締結の結果を見るならば、中ソ間に極めて厳しい応酬があったことが推測される。それでも、ソ連への傾斜を強めねばならぬほど誕生したばかりの「新中国」を取り巻く国際環境は緊張していたと言うべきなのであろう。こうした中で五〇年六月に勃発したのが後述される朝鮮戦争であり、中国は国家の存続をかけてこの戦争に参加し、米国主体の国連軍と対決することになるのである。

2 土地改革の展開と都市の秩序化

第三の側面

戦時体制下という意味の第三は、農村における地主を軸とした旧来の支配体制の打倒を目指す戦いの継続である。言うまでもなく、中国は長きにわたって農民が全人口の八―九割にも及ぶ典型的な農業大国である。その農村は、華北や東北などのいわゆる「旧解放区」「半旧解放区」、約一億二〇〇〇万人を擁する地域において、建国前からすでに土地改革が実施され、「耕者有其田」(耕作する者は自らの土地を所有する)という太平天国から孫文へと引き継がれた考え方に基づく農民的土地所有制が普及していた。しかし、華中、華南を中心とする二億八〇〇〇万人を占める農村地域(全農家の約七〇%)では、なお土地改革は実施されておらず、地主的土地所有のもとに農村の九〇%を占める貧農・雇農・中農が、わずか二〇―三〇%の土地しか所有していないといった状況であった。一九五〇年六月、中共は「土地改革法」を発布し、二年半から三年をかけて全国で土地改革を実施することを決定した。

この土地改革では「段取りに従い秩序あるやり方」「富農経済の保護」といった穏健な方針が採られ、上からの指導を確保するために、中央の指導部では劉少奇《りゅうしょうき》を主任とした土地改革委員会が、さらに県以上の各級人民政府でも土地改革委員会が組織された。そして基層(末端)では数十万人にのぼる訓練を受けた土地改革工作隊(員)が、各地に派遣され直接の指導にあたった。しかし、現実の土地改革はそうした上からの方針よりもはるかに急ピッチでラディカルに展開していった。時期的には大幅に見通しを繰り上げ、開始約一年一〇カ月後には、中共指導者自身が「土地改革はすでに全国的範囲にわたって基本的に完成した」と発言するほどであった。もちろん各地ではしばしば「行き過ぎ現象」も発生していた。

にもかかわらず全体としてみれば、上からの指導と下からの農民の盛り上がりとがある種共鳴しながら効果的に作用し成功裏に展開したと言えよう。五二年末にはチベット・新疆を除く全土で約三億人の土地の無いあるいは少ししか持たない貧農が合わせて七・四億ムー(一ムー＝六・七アール)の土地を手にいれ、三五〇〇万トンという過重な小作料からも解放された。その結果農民の積極性は高まり、この年の農業生産総額は四八四億元で、これまでの史上最高を一八・五%も上回るほどであった。また土地改革とはたんに土地の分配を享受することではなく、地主らこれまでの農村の権力者、統治体制に対する「清算」の闘争を意味し、地域的に不均等ではあったが、農村の基層(郷・村レベル)政権と地方民兵組織を建設し、人民共和国の権力基盤を固める重要な動きとなったのである。

第四の側面 そして戦時体制下という意味の第四は、都市における反中共、反人民共和国勢力との闘争である。国民党が台湾に移った後も大陸には「匪賊、国民党残留分子、特務」、封建的な地元ボス、「会道門」らの秘密結社などの勢力がなお二〇〇万人余りを数えていた。加えて権力の空白、戦後の混乱は社会をいっそう不安定にしていた。五〇年だけでも四万人近くの中共幹部と積極分子が彼らによって殺害された。

新政権はこうした事態に対処するために、五〇年三、七、一〇月の三度にわたり「反革命活動の鎮圧に関する指示」を発し、秩序化の第一段階に取り組んだ。同運動は大衆運動として展開され、一二九万人を逮捕、一二三万人を拘束し、七一万人の反革命分子を死刑、二四〇万人の武装勢力を解体した。もちろんこの運動には多くの不当な「行き過ぎ」も含まれていたが、五三年に任務を完了し比較的安定した秩序を打ち立てた。同時にこの過程で三度にわたる全国公安会議が開かれ、公安部門の組織化が進んだ。

反革命鎮圧活動にやや遅れながら、五一年末からもう一つの大衆運動が都市で展開された。一二月、中共中央は「精兵簡政・増産節約の実行」に加えて「汚職反対、浪費反対、官僚主義反対」を呼びかけた。いわゆる「三反運動」である。しかしまもなく、党・政府・軍・民間組織で摘発された汚職、不正の多くは資本家たちの贈賄、脱税、国家資材の横領、手抜きと材料のごまかし、経済情報の窃盗といった「害毒」の深刻さによるものと判断された。つまり「三反」を進めるには資本家を主たる対象として上の五つの「害毒」に反対しなければならないとされた。これが「五反運動」で、五二年の一月、大都市から始まった。「三反五反運動」は五二年二、三月に盛り上がり、その後は整理の段階に入り夏に収束した。確かにそれは国家と社会を廉潔なものにし、党と政府に対する大衆の信頼、社会の安定をかちとる上で大きな意義があった。しかし同時にとくに「五反運動」を通してこれまで政権の一翼を担っていた民族資本家階級が、国家の政策と法への忠誠度を試されることになり、商工業経営者は深刻な打撃を受けた。とりわけ金融業者は五二年末にはすべて公私合営に組み込まれることとなった。第4節で見る社会主義への転化の基盤が徐々に造られていったのである。

3　朝鮮戦争への参入

中国参戦の経過

「はじめに」で述べたように、中国の現代史が国際環境の影響を強く受け続けてきたことは強調されるべきポイントである。建国当初の時期ではとくに冷戦的対立と、アジアにおいてその結果として転化した熱戦「朝鮮戦争」の影響が重大であった。

この戦争は五〇年六月二五日の朝鮮民主主義人民共和国(北朝鮮)軍の侵攻に端を発し、序盤は北朝鮮軍が大挙して南進し、圧倒的に有利な展開を見せた。当時の米国は、冷戦における西側陣営の防衛ラインから朝鮮半島を除外しており、金日成の米国の朝鮮介入に対する過小評価と、朝鮮半島南部における反李承晩勢力への過大評価が、北側の積極行動の背景にあったと思われる。しかし米国は国連安全保障理事会において「北を侵略者」とした決議の採択に成功し(ソ連は欠席)、それを錦の御旗に国連軍の主力としてこの戦争に積極的に介入した。加えて台湾海峡に第七艦隊を派遣し、「台湾海峡中立化」を掲げて中国の「台湾武力解放」を封じこめた。

中国は六月二八日、七月六日など繰り返して周恩来総理兼外相の名義で米国の「朝鮮戦争介入の不法性」と「台湾への艦隊派遣の侵略性」を激しく非難したが、直接の戦闘行動は見合わせていた。南北の形勢が逆転したのは、九月一五日の米国軍による「仁川上陸」作戦の成功以後であった。ソウルを奪回し、北緯三八度線を越えて進撃した米韓連合軍は一〇月中旬、中国との国境線・鴨緑江近くに迫った。この時点でなおトルーマン大統領とマッカーサー総司令官は中国の戦争介入の可能性が極めて少ないことを確認しあっている。しかし、ソ連の十分な協力の保証も得られないままに毛沢東は参戦を決意した。

七月以来「抗米援朝運動」を呼びかけていた中共と政府は、一〇月下旬、彭徳懐《ほうとくかい》将軍を総司令官とする中国人民志願軍(義勇軍)を編成し、鴨緑江を越えて朝鮮半島に進撃させた。中国のゲリラ戦は米国軍に苦戦を強いることとなり、双方の前線は再び三八度線に移った。米国は「国民党軍による華南進攻作戦の提唱」(マッカーサー総司令官)、「原爆使用の考慮」(トルーマン大統領)といった全面戦争への危険に踏み込む意図をもちらつかせた。しかし、五一年二月中旬の大激戦の後、戦線は一進一退の膠着状態に陥った。これと並行して外交折衝による停戦の模索も活発化し始めた。英仏両政府の戦争拡大回避の動きなども加わり、トルーマンは四月、戦争積極派のマッカーサー総司令官を罷免し、リッジウェイを後任に命じた。彼は六月二三日のマリク・ソ連国連代表の停戦交渉提案を受けて六月三〇日に停戦交渉の会談を呼びかけた。北朝鮮と中国はこれを受けて七月一〇日より第一次停戦会談に入った(一八月二三日)。以後交渉は、他方で軍事的な小競り合いを続けながら、二年一カ月に及び、ようやく五三年七月二七日に「軍事休戦協定」の調印に至ったのである。

三つのインパクト

以上のような経緯をたどった朝鮮戦争が建国間もない中国に多大な人的、財政的、軍事的負担を強いたことはいうまでもない。ちなみに中国が投入した軍は、三四個師団、五〇万三〇〇〇人にも達するものであった。しかし同時に、中国にとっての朝鮮戦争インパクトとして、以下の三点を確認しておく必要があるだろう。

第一は、国際的に深刻化しつつあった冷戦的対立の中に、中国も完全に組み込まれ、かつそうした対立を促進するファクターとなったことである。確かに中共は建国以前から、毛の「人民民主独裁を論ず」(四九年七月)にも見られるようにソ連傾斜を強めていたが、他方で前述したように体制の異なるあらゆる国との平和共存も模索していた。しかし、五〇年二月の中ソ友好同盟相互援助条約の調印に続く、朝鮮戦争への介入は、社会主義陣営の一員として資本主義陣営に対決する選択を余儀なくさせたのであった。

第二は、この過程で米国の台湾への軍事的経済的援助が強化され、中国の台湾早期統一の展望が大幅に狂い、かつ台湾海峡を挟んでの軍事的緊張が恒常化したことである。その結果、戦時体制的な発想と政策が継続し、対外関係、国内の経済建設、社会建設に強く影響するようになり、平和的環境をベースにした政策の作成が困難になったのである。

第三は、にもかかわらず広範な「抗米援朝運動」によって、なお流動的であった国民の意思は大いに結束され、反帝ナショナリズムの気運と中共の権威が高まった点を確認しておかなければならない。五〇年一〇月までに「世界平和の擁護、米国の侵略反対」の署名に参加した中国人は二億二三七〇万人余りで、全人口の四七%に上り、別の資料では全国約八〇%の人が「抗米援朝運動」に参加したとされている。この結果、国民統合・政治的結束の基盤は大幅に強化された。この三点から見れば、朝鮮戦争が新民主主義共和国としての中国の行方に大きな影を落としたといっても決して言い過ぎではないのである。

4 「過渡期の総路線」の提唱と社会主義への転化

重大な路線転換

建国後間もなくして「社会主義への転化」の問題が唐突に起こった。まず以下の発言を確認しておきたい。一九五〇年六月の中共第七期中央委員会第三回全体会議(七期三中全会)の席上、毛沢東は「ある人は資本主義を早く消滅させて社会主義を実行できると考えているが、それは誤りであり国情に適合していない」と発言している。さらにその直後の政協第二回会議でも、彼は「将来、私営工業の国有化と農業の社会化が実行される時になっても――そうした時期はかなり遠い将来のことであるが――、その人たち(土地改革、経済建設、文化建設に貢献した人々)の前途は明るいであろう。わが国は着実に前進するのであり、つまり戦争を経過し、新民主主義の改革を経過して……さまざまな条件が備わり、全国の人民が納得し、皆が賛成したあかつきに悠々と適切なやり方で社会主義の新しい時期に入ることができる」と言明している。中共中央の全体的な認識も「新民主主義段階は相当長い期間にわたるもの」というものであった。

しかし五二年九月以降、毛沢東は「過渡期の総路線」について、さらには「資本主義的な商工業の利用・制限・改造」についてしばしば語り始めた(薄一波『回顧』上)。そして翌五三年八月正式に「過渡期の総路線」を提唱するに至ったのである。これについて毛は次のように言う。「中華人民共和国が成立してから社会主義的改造が基本的に成し遂げられるまで、これは一つの過渡期である。この過渡期の党の総路線と総任務は、かなり長い期間内に国の工業化と農業、手工業、資本主義商工業に対する社会主義的改造を基本的に実現することである。この総路線はわれわれの諸活動を照らす灯台であるべきで、どの活動もそれから離れると……誤りを犯すことになる」(『毛沢東選集』第五巻、傍点引用者)。

　このような主張を前述の「社会主義的改造は新民主主義の諸改革を経て」という表現と比較するなら、明らかに毛自身の重大な路線転換であった。さらにこの過渡期を、毛を含む中共中央では当時、「かなり長い時間」、より具体的には三度の五カ年計画を経た六七年頃までと考えていた。にもかかわらず、第一次五カ年計画終了前の五六年、中共第八回全国大会で早くも「農業、手工業、資本主義的商工業の社会主義的改造は基本的に成し遂げられた」と宣言しているのである。

国内的・国際的要因

　では何故このような加速した展開になったのか。あえて「長期にわたる新民主主義段階」を強調し、さらに社会主義的改造でさえも「緩やかで穏健なもの」と言っていたにもかかわらず、何故急進的な道を歩むようになったのか。とりわけ以下の三点は重要であろう。第一は国内的要因である。長きにわたり中華諸民族の悲願であった外国勢力の排除と国家の独立・統一が、人民共和国によって基本的に実現し、人々の喜びと活力はそのまま国家・社会の建設に注がれた。前述した土地改革から抗米援朝運動がその主なものである。そしてそれらは毛自身にとっても「予想以上の成果」となり、労働者、農民の力量を飛躍的に高め、民族資本家、地主、富農、知識人などとの勢力関係を基本的に変えてしまった。そして労農階級の側に立ち、上記の諸政策を実施した中共の立場と指導力、権威は大幅に強化されていったのである。「予想以上」の成果に自信を持った党が、それを背景として、自らが目指す国家、社会の建設に取り組むことは共産党の発想から言えば当然であった。マックファーカーはこの中国の社会主義への道、ソ連モデルの選択は必然的な帰結との見方を採っている(R. Macfarquhar ed., *The Politics of China*)。当時、社会主義のモデルとしてはソ連しかなかったので必然的な帰結との判断はまちがいではない。しかし改革開放期に入り、「新民主主義段階」の再評価がなされており、「必然」との見方は必ずしも妥当であったのか疑問は生まれてくる。

しかし、そのことを踏まえた上でなお、以下の点が重要であろう。すなわち第二は、国際的要因である。第二次世界大戦終了直後からすでに冷戦的対立の兆しは見られていたものの、事態の急速な進展は毛沢東ら中央指導者の予想をはるかに超えたものであった。しかも冷戦の熱戦への転化(朝鮮戦争)、米国の介入による「台湾防衛」、サンフランシスコ講和条約と日米安保条約の調印(五一年)など、米国を軸にした「中国封じ込め」のネットワークが着々と形成される中で、新民主主義共和国という曖昧な国家体制の存続は困難になった。生まれたばかりで脆弱な体制の国家にとってこうした国際環境からくる「安全保障的脅威」は予想以上に大きなものであったのだろう。

指導者としての毛沢東

しかし以上の二点だけでは、社会主義化をなぜ急進的に進めたかの説明にはならない。そこで第三に、中央指導者とりわけ毛沢東の状況認識、戦略設定、決断力など指導者としての個性を問題にしなければならない。毛の発想の基本をなすものは、①〈敵・友〉論、戦争常態論(平和は一時的で戦争が常態との考え)、統一戦線論、持久戦論などに見られる準軍事的発想と、②根拠地論、主観能動性などの主意主義的発想である。国内情勢の有利な展開と国際情勢の緊迫化が、こうした発想と結びつき、経済的条件が必ずしも整っていたわけではなかったにもかかわらず、主体基盤のいっそうの強化という意味で急ピッチの社会主義化につながっていったと理解できる。しかも五三年のスターリンの死から五六年のフルシチョフによる「スターリン批判」に至る過程は、ソ連を絶対的なリーダーと見なす「神話」から毛を解き放った。大衆運動・動員による目標の実現への信念、自分自身への過信などがこれらに加わり、毛を「独自の社会主義建設」の魅惑に駆り立て始めていたのである。これに関しては次章で見ることにしよう。

5　国家体制の整備

政治・経済の安定化

では具体的に、新民主主義国家構想とは異なる政治・経済体制の建設はどのようなものであったか。一九五三年から始まった「第一次五カ年計画」の内容、「向ソ一辺倒」のスローガンが象徴するように、目指すべき国家、政治・経済体制は基本的には「ソ連モデル」であった。確かに建国以来、土地改革、三反五反運動、朝鮮戦争などは新国家にとって厳しい試練であったが、これらを経て政治・経済は大いに安定した。政権建設状況を見ると、五二年九月の時点で、三二の一級行政区(省・直轄市・自治区)、一六の大都市、二一七四の県および県級行政区、二八万の郷で人民代表大会が招集され、人民政府が打ち立てられた。そのうち一九の省、八五の市(県級市を含む)、四三六の県と大部分の郷では人民政府の委員が選挙によって選出された。続いて五三年には、正式の選挙を経て全国人民代表大会(以下、全人代)を招集するために、広く人口調査を実施した。六月末の時点で総人口約六億、有権者総数約三億二三八一万人で、一二月より基層(郷レベル)選挙が開始され、県・市レベルの選挙を経て五四年の七、八月に一級行政区の選挙が実施され、各地域の全人代代表が選出された。地域代表は一一三六名、これに軍代表六〇名、海外在住代表三〇名を加え、計一二二六名で全人代代表が構成され、五四年九月には第一期全人代第一回会議が開催された。

経済では解放直後全人口の九割の農民中、六割が飢餓線上にあり、都市では数十倍から数倍にも上るインフレ——上海では四九年六月から五〇年二月までで卸売り物価指数は約二一倍に上昇——に苛まれ、約四〇〇〇万人の失業者が出現するといったほどの状況であった。しかし、さまざまな改革、運動を通して急速な経済復興を成し遂げた。そして五三年からはいわゆる「過渡期の総路線」の実践により、各分野で社会主義的改造が本格化した。まず工業では第一次五カ年計画に入り、ソ連からの一五六の大型重工業プロジェクト援助を受け、東北、華東などで重点的に工業基地建設が本格化した。またこうした重工業化推進に必要な大量の資金を農業部門から調達することを決め、政府による農業の管理・統制が始まった。五三年一一月より商品作物の強制供出のために農産物が全面的に政府統制下に入った。やがて始まる農民に分配した土地の没収、合作社化(後述)が次の段階となるのである。

共産党の指導権

第一期全人代第一回会議では、中華人民共和国憲法の採択の他に全人代組織法、国務院組織法、地方各級人民代表大会と政府の組織法、人民検察院組織法、人民法院組織法などが審議・採択され、国家の体制がようやく整った。同時に国家の指導者も改めて選出された。この大会の特徴は、①依然として統一戦線的政権の色彩を留めながらも、実質的部分で中共の指導権が大幅に強化され、社会主義化が明確に打ち出されたこと、②

近代国家としての体裁が整い、政治・軍事・経済・社会の近代化と制度化に向けての本格的な第一歩が始まったことである。①では主要ポストにおける非中共系指導者数は、全人代常務委員会副委員長が一三名中八名、国務院閣僚は三六名中一〇名、国防委員会副主席は一五名中四名を確保してはいる。また全人代代表も一二二六名中、中共党員は六六八名(五四・五%)に対し、非中共党員は五五八名(四五・五%)で一定の割合を占めていた。しかしそれ以上のポストになると、ここではことごとく中共党員が独占した。国家主席・毛沢東、同副主席・朱徳《しゅとく》、全人代委員長・劉少奇、国務院総理・周恩来、同副総理一〇名は全員党員であった。さらに憲法では前文で「過渡期の総路線」が盛り込まれ、共産党を指導政党とすることが控えめながら盛り込まれた。

②では全人代終了後、従来の政務院を廃止し新たな行政機構である国務院の設立といった中央機構の組織整備、さらに建国直後中央と省の間に設けられ大幅な「自治」を与えられていた

中国共産党の党員数(人)

1945年 4月 (7回党大会)	1,210,000
1949年末	4,500,000
1956年 9月 (8回党大会)	10,730,000
1961年 6月	17,000,000
1969年 4月 (9回党大会)	22,000,000
1973年 8月(10回党大会)	28,000,000
1977年 8月(11回党大会)	35,000,000
1982年 9月(12回党大会)	39,650,000
1987年10月(13回党大会)	46,000,000
1992年10月(14回党大会)	51,000,000
1999年 6月	61,000,000
2006年12月	72,390,000
2011年12月	82,600,000

(出所) 『中国昨天与今天』「人民日報」などより作成.

六つの「大行政区」(華北、華東、西北など五つ前後の省を一つにして統治した行政区で五四年に廃止)を廃止し、省を直接統治する中央集権的な体制作りが進んだ。同時に建設の中身として「もしもわれわれが強大な近代的工業、近代的農業、近代的交通・運輸、近代的国防力を建設しなければ、立ち遅れと貧困から脱出できないし、革命の目標を達成することができない」(周恩来の全人代「政府活動報告」)といった後の「四つの近代化」に継承される認識もあったことを確認しておこう。しかしこのような近代化への本格的な取り組みは、結局のところ一九七〇年代後半まで待たねばならなかった。やがて毛の強力なイニシアチブによる、ソ連とも異なる「独自の社会主義建設」の模索が始まるのである。

第二章　中国独自の社会主義建設の挑戦と挫折

中ソ蜜月時代，訪中したフルシチョフ第一書記を迎える毛沢東主席(1957 年)．写真提供：中国通信社．

1　毛沢東独自路線の萌芽——農業の集団化

毛沢東の「過渡期の総路線」は、彼が他の指導者のためらいを振りきり積極的に提唱したものであるが、「ソ連モデル」の積極的な取り込みであり、必ずしも毛の独自路線の萌芽とは言えなかった。一九五四年の第一期全人代第一回会議によって確立した中央集権体制、中国憲法の制定も「ソ連モデル」に基づくものであった。しかし、すでに指摘したように、五三年三月にスターリンが死去すると、毛は彼の足枷から解かれ、中国がソ連に対して相対的に「独立」した関係を取り得るようになった。その年の秋から冬にかけて、中共中央内で建国以後はじめての厳しく残酷な党内闘争、いわゆる「高崗《こうこう》・饒漱石《じょうそうせき》事件」が展開された。

高崗・饒漱石事件

高崗は解放以前、西北根拠地の創始者として知られ、以後国共内戦を通じて東北の党・政・軍を一手に掌握し、五二年からは国家計画委員会主任に就いていた。高崗はスターリンとの関係も深く、四九年の新中国の成立に先立って、四八年に東北人民政府は独自にソ連と貿易協定を締結するほどであった。饒漱石は華東地方の党・政・軍の第一人者になり、さらに五三年、中共中央組織部長となっていた。

この事件は直接には、毛沢東の「指導を第一線と第二線に分ける」提案にタイミングを合わせ、彼らが劉少奇・周恩来の第一線での指導に反対し、自らそれに取って代わり党の実権を握ろうとしたものであったと説明されている。とりわけ「過渡期の総路線」などをめぐって毛に批判されていた劉少奇をターゲットにし、五三年六月—一二月には、かつての白色区(国民党支配区)の党(劉少奇が指導)に対する根拠地(中共支配区)の党という「両党論」、さらに党は軍隊が創ったという「軍党論」を掲げ、高崗自身「根拠地と軍隊の党を代表する」と主張した。また劉少奇の党主席代理委嘱(五三年一二月)に反対するなど積極的な動きを見せた。彼らは中南地区の林彪、西南地区の鄧小平、さらに陳雲《ちんうん》らを取り込もうとしたが、結局彼らに反対され、五四年には毛沢東はじめ劉・周・鄧らの反撃にあい、高崗は自殺、饒漱石は逮捕された。五五年三月には中共全国代表者会議を開き、彼らを「反党同盟」の陰謀活動を行ったとして断罪した。

この事件の結果、党内における分派活動や、大きな権限を有していた「地方＝大行政区」の「独立」的行動が厳しく批判され、毛を軸とする中共中央の権限が強化された。しかし、この事件の裏に、スターリンの死によって明白な親ソ勢力・高崗を遠慮なく打撃できるようになった毛沢東独自の立場を読み取ることができる。少しずつ中ソの間に齟齬《そご》が生まれていたのである。

ところで社会主義的改造が主張されるようになってまもなく、農村では「耕者有其田」という土地改革法の考えから、合作社化すなわち集団化の主張にウェートが置かれ始めた。とくに五三年一二月に採択された中共中央「農業生産合作社の発展についての決議」は、互助組・合作社化の運動を「今後の農村における党指導工作の中心」と位置付け、「小農経済の改造と互助・合作に対し、党は積極的に指導する態度を取らねばならない」と力説した。互助組とは、各家庭が依然として経営、労働の単位であることを前提に相互に労働力を交換する組織で、集団農作業としては初級合作社(後述)より緩やかなものである。

農村の合作社化

その後、集団化運動は次節で見るように左右に大きく揺れながらも、急速に展開していくのである。が、その当初において早くも中国は、ソ連の集団化方式と微妙で重大な食い違いを露呈していった。単純化して言えば、農村の社会主義化は「機械化が集団化に先行する」というのがソ連方式であり、農民の主観能動性を重視し「集団化を機械化に先行させて良い」と主張したのが毛沢東の考えであった。党内にはソ連方式に同調する指導者も少なくなく、毛は彼らとの激しい論争を経ながら、独自の建設路線を模索していくことになるのである。

では、農業の合作社化の過程を具体的に見ていこう。合作社化は五四年から五七年前半にかけて本格化したが、「冒進」と呼ばれる急速な発展と、「反冒進」と呼ばれる停滞が交互に繰り返し、四つの段階を形成している。①五四年=初級合作社の発展段階(第一次冒進)、②五四年

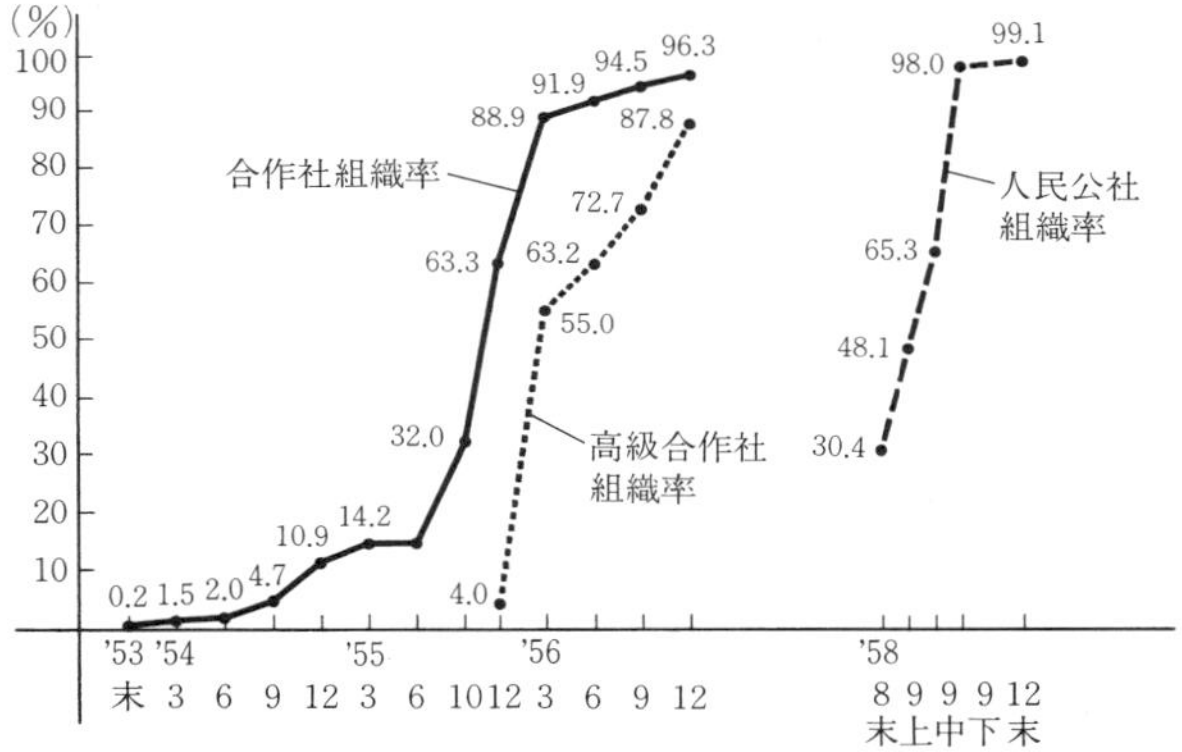

合作社および人民公社の組織化状況(総農家比)
(出所)『中国農業合作社化運動史料』下冊，1959年，
『偉大的十年』1959年より作成

末－五五年夏＝合作社の矛盾が露呈し脱退などが顕著となった停滞期(第一次反冒進)、③五五年秋－五六年＝初級合作社から高級合作社へ移行し飛躍的に拡大した発展期(第二次冒進)、④五六年末－五七年＝合作社からの退社、解散が広がった停滞期(第二次反冒進)である(①－④の具体的な状況は上のグラフを参照)。

ここでいう初級合作社とは、基本的には自然村を単位に労働力を集団化するが、分配は労働以外の要素(提供した土地や家畜の質量など)が加算される半社会主義的な組織、高級合作社は自然村より一ランク規模の大きい行政村を基本的な単位とし、集団所有、集団労働、統一経営、統一分配を明確にした社会主義的組織であった。

グラフからも理解できるように、第二次冒進期への移行がもっとも劇的なものであった。その最大の契機は五五年七月三一日になされた毛沢東の「農業合作化の問題について」と題する報告であった。毛は鄧子恢《とうしかい》中共中央農村工作部部長ら中央の反冒進派に業を煮やし、中央の正規の決定機関を無視し、省・市・自治区党委員会書記会議を突如招集し、そこで合作社化の促進を呼びかけたのである。毛はその冒頭で次のように指摘している。「全国の農村には新しい社会主義的な大衆運動の高まりが訪れようとしている。ところがわれわれの一部の同志ときたら、まるで纏足《てんそく》をした婦人のようによろよろと歩きながら、はや過ぎるはや過ぎると愚痴ばかりこぼしている。余計な品定め、的外れの恨みごと、数え切れないほどのご法度や戒律など、こうしたものを農村の社会主義的な大衆運動を指導する正しい方針だと思っている。……要するに現在の状況はまさに大衆運動が指導より先に進んでいて指導が運動に追いつかない状況である。このような状況は是非とも改めなければならない」(『毛沢東選集』第五巻)。

「冒進」の矛盾

毛の強引な呼びかけが状況を大きく転換した。しかし、五六年末頃から再び冒進による矛盾も露呈し始めた。合作社化に伴って強まった農産物供出の強制、期待していたほど生活水準が向上しなかったこと、農民の生産意欲の低下などである。五七年に入ると社員の退社、合作社の解散といった現象が顕著になっていった。基層でのこうした動きに呼応し、河南、雲南などでは省レベルでの合作社化抑制の動きが広がった。また湖北、山西、湖南などの省では合作社化に伴う画一的な命令主義によって大幅な減収を招き、農民の不満を買っていた。中共中央でも鄧子恢らはこうした事態を深刻に受け止めた。五七年八月には「農業生産合作社の整頓に関する指示」を発し、とくに五八年の春耕まで集団化のテンポを緩め着実に整社工作(作風整頓・社と生産隊の調整・生産管理の点検など)を実施し「合作社制度を打ち固めよう」と呼びかけている。しかし、五八年に入ると後述する大躍進が始まり、この中で人民公社化という再度の冒進が始まることになるのである。

2　ソ連との協調と独自性の交錯

スターリン批判の衝撃

五六年から五七年にかけて中国政治は大きく揺れたが、その背後にはソ連の強烈な影響があった。五六年二月のソ連共産党第二十回大会でフルシチョフの衝撃の「スターリン批判」秘密報告が行われた。その直後から、毛は表向きソ連と協調しながらも、五月にとくに三つの点でソ連との「違い」を主張した。一つは「プロレタリア独裁の歴史的経験について」と題する「人民日報」社説の発表である。毛が直接手を加えたといわれるこの社説は、スターリン全面否定論に反駁した。そして、スターリンを「功績七分、誤り三分」と見るべきことを提起した。次は政治局拡大会議で「十大関係論」と呼ばれるソ連の社会主義とは異なる政治・経済建設構想を示したことである。例えばソ連は重工業一辺倒、農民負担過重政策を採ったと批判し、「外国のものを全て引き写し、機械的に持ちこむような偏向をおこなってはならない」と主張した。そして工業と農業、沿海と内陸、経済と国防、中央と地方、党と党外など一〇項目の関係を論じ、全てにバランスのとれた関係構築の必要を訴えている。まさに「ソ連モデル」の第一次五カ年計画、「向ソ一辺倒」からの離脱の始まりであった。三つめは同じ時期に提唱した「百花斉放・百家争鳴」(双百)である。これは中国では「スターリンの粛清」とは異なって、非党員、一般の人々でも自由闊達に学術・芸術の論争ができるということを示そうとしたものである。これは五月に入り中共中央によって正式に党の方針とされ積極的に呼びかけられた。

スターリンの死から一年ほど経って、中国はソ連陣営の中ではいささか異色の外交展開を見せるようになった。中印国境紛争をめぐって、周恩来とネールの間で領土・主権の相互尊重、内政不干渉などを内容とする「平和共存五原則」が提唱された。翌五五年四月には、「スターリン批判」に先立つこと一年ほど前に、第一回アジア・アフリカ会議がインドネシアのバンドンで開かれたが、ここで中国はこれらの国々の民族解放闘争をとくに重視し、さらに「平和共存五原則」を積極的に提唱し、「非同盟諸国」との急速な接近を図った。これは後に浮上する「中間地帯論」を軸にした外交面でのソ連との距離を置いた毛の独自路線の芽生えといえるかもしれない。

「双百」と毛批判

しかし一九五六年九月、一一年ぶりに開かれた中共第八回全国大会ではフルシチョフの提起した問題を前向きに採り入れながらソ連との協調を示している。例えばその主題としては、劉少奇の「政治報告」で見られた「社会主義の制度が基本的に打ち立てられた」との確認、にもかかわらず「生産力の水準が依然として遅れた状態にあり、これこそが現在の主要矛盾である」との認識のもとに、「第二次五カ年計画草案」を提起することであった。ここで基本任務として「重工業を中心とする工業建設、集団所有制と全人民所有制の強化」とのソ連方式に歩調を合わせた内容が提起された。しかしより重要なポイントはフルシチョフの提起した「個人崇拝批判」を受けて、新たな「中国共産党規約」で、前大会の党規約に盛り込まれていた「毛沢東思想」という表現を削除し、集団指導体制の確立を強調したことである。「党規約改正報告」を行った鄧小平は、この点を「レーニン主義は当面の重大な問題の全てを個人ではなく適切な集団で決定すべきことを求めている。集

中共第8回全国大会での劉少奇(1956年9月).
写真提供：中国通信社.

団指導を堅持し、個人崇拝に反対することの重要性については、ソ連共産党第二十回大会がきちんと明らかにしている」と説明している。毛も当然ながらこの内容を承認したわけであるが、これにより抗日戦争中の四三年、中共中央政治局会議で採択された「政策の最終決定権は政治局主席毛沢東にある」との秘密決議が、根底から揺さぶられそうになった。

毛はここで再び、今度は政治面での大衆運動を引き起こすことによって自らの政治路線、リーダーシップの再強化に挑んだ。まず五七年に入り、五六年春以来、予想に反して盛り上がりを欠いた「百花斉放・百家争鳴」に党外人士や知識人が積極的に参加することを呼びかけた。二月、毛は「人民内部の矛盾を正しく処理する問題について」と題する講話を行い、党に対する党外からの積極的な批判を歓迎すると表明した。「もしマルクス主義が批判を恐れるなら、それは恐れるのが間違っている」「如何なる幹部であろうと、如何なる政府であろうと、その欠点や誤りについては批判を受けるべきである」と語り、さらに「言う者に罪無し」との有名な発言まで飛び出したのである。続いて中共中央は宣伝部、統一戦線部などを中心に「双百」を盛り上げ、「党外人士はもっと大胆に党の欠点を暴き出してくれ。党は党外人士を粛清しようとは決して思ってはいない」(「人民日報」五七年五月一七日)といった調子で彼らを刺激した。

かくして「双百」は、短期間のうちに盛り上がった。統一戦線部と民主諸党派・党外人士との座談会は五月八日―六月八日で計一三回、七〇余りの主な意見が出された。さらに商工界人士との座談会は、五月一五日－六月八日で計二五回、一〇八人が党や政府に意見を提出した。批判の代表的なものを見ると、例えば章伯鈞《しょうはくきん》(民主同盟副主席)は「工業面では多くの設計院があるのに、政治には一つの設計院も無い」と中共の独裁を批判し、党外人士も含む複数の組織代表による「政治設計院」を提唱した。また「光明日報」編集長の儲安平《ちょあんへい》は、「全ての領域で単位の大小にかかわらず、ことごとくそのトップに党員を配し、いちいち党員の顔色をうかがわなければ仕事ができない」と「党天下」を批判した。やがて六月二日には「光明日報」に、毛主席と周総理は「党外指導者は常に政府の政策決定に参加できると四九年以前に約束しておきながら、これを破っている」との最高指導者を名指しした批判まで登場したのである。

3　毛沢東による粛清とソ連との亀裂

毛批判への反撃

これらの批判は中共も「自由に発言せよ」といい、党外人士としては当然のことを言ったまでとの見方ができるが、毛は予想以上の批判に反撃を開始した。六月八日、彼は「組織的な力で右派分子の狂気じみた攻撃に反撃しよう」との党内指示を出し、同時に「人民日報」で「これは一体どういうことか」と題する社説を発表し、「下心のある右派への仮借なき批判」を呼びかけた。ここに最初の大規模な政治的冤罪事件と呼ばれる「反右派闘争」が始まるのである。中共中央の指示を受け、直ちに北京・天津・瀋陽・上海など各都市で労働者らの「反右派闘争座談会」が開かれた。さらに六月末には全人代でも反右派闘争が積極的に取り組まれ、民主同盟の章伯鈞と羅隆基《らりゅうき》が反共の「章羅《しょうら》同盟」をつくったとして糾弾された。民主諸党派、党外人士らは中共と比べもとより圧倒的に基盤が弱く、こうした批判にはひとたまりもなく砕けてしまった。五七年末までに右派分子とされた人は全国で四九万人余り、五八年前半にはさらに「補修」「掘り起こし」が取り組まれ、合計五五万二八七七人に達した。とりわけ民主同盟への攻撃は厳しく、右派分子とされた同盟員は約六〇〇〇人で、同組織の五分の一にも上った。今日「その大部分は誤って区分された者であり、多くの同志と友人が誤って傷つけられた。彼らは長い間誤解と圧力を被り、彼ら個人と国家に重大な損害を与えた」(『中国共産党六十年』下)との見方が定着している。

では一体なぜ、毛や中共はあれほどまでに自由な党批判を呼びかけながら、突然それに呼応した人々に仮借なき制裁を加えたのであろうか。確かに五六年春の「双百」を提唱した頃は、指導部に対してのある程度の批判はあるだろうが、それほど激しいものではないとの楽観的な認識はあった。五七年二月の毛の重要講話「人民内部の矛盾を正しく処理する問題について」あたりでも表面上そうした楽観的認識を見ることができる。それらの点だけからすれば事態の予想以上の激しい展開に党指導部が慌て、感情的に過敏に反応したとの見方ができる。しかし最近の幾つかの内部文献などから見ると、最初から「反中共分子をたたく」という意図を持って、「妖怪変化をあぶりだす」方式で自由にものを言わせ、しかる後に反撃するといった冷徹な策略からなされた可能性が強い。五六年後半には、民主諸党派を中心に知識人や学生・市民が中共の急激な集団化政策と独裁に異論を唱えていたし、農村では合作社からの脱退騒ぎが大きくなっていた。さらに国際的には、一〇月から一一月にかけて一党独裁を揺るがす「ハンガリー動乱」が起こっていたのであった。

確かに五七年六月以降の反右派・整風運動を通して、中共の独裁は大幅に強化され、農村では「反冒進」の流れを止め、再び急進化の道を醸成した。さらにこれを通して党内部でも、「毛には逆らえない」との雰囲気が生まれ、また毛の指導力も強まり、まさに毛が独自の社会主義建設にチャレンジする政治的環境が整ったのであった。さらに反右派闘争の正当化作業の中で、その後強まっていく毛独特の理論、すなわち継続革命の理論が生まれている。例えば五七年一〇月の中共八期三中全会で彼は次のように発言している。「中共第八回全国大会ではブルジョアジーとプロレタリアートの矛盾は基本的には解決されたと言っている。この言葉はやはり間違ってはいないが、……今年の青島会議〔七月〕の時になって〔ブルジョアジーの造反が〕はっきりと看取され、都市にも農村にもなお二つの闘争が存在することが明らかにされた。こうした階級闘争は消滅しておらず、今回、右派が狂気じみた攻撃をしてきたのであるから、ブルジョアジーとプロレタリアートの矛盾が主要な矛盾というべきである」(『毛沢東思想万歳』上)。

対ソ・独自性の主張

こうした毛の思想的ラディカリズムは五七年一一月、ソ連「十月革命四十周年」記念祝賀に出席した際の当地での講話に見られた。毛はソ連に対して表向き最大級の賛辞を示したが、重要な幾つかの点で独自の主張を展開した。その一つが、フルシチョフによって提起された「社会主義の平和的移行論」に対する彼の考え方であった。一一月一〇日に中国側が提出した「意見要綱」では、「平和的移行の願望は提起すべきであるが、これによって自らを縛り付けてはならない。ブルジョアジーは自ら進んで歴史の舞台を引き下がるものではない。どの国のプロレタリアートと共産党も革命の準備を少しでも緩めることはできない」「議会で多数を占めても決して古い国家機構の粉砕、新しい国家機構の樹立ということにはならない」などと、フルシチョフ路線との違いを鮮明に打ち出した。

さらにその一週間後、モスクワの中国人留学生を前に、毛は有名な「東風論」、すなわち「世界の風向きは変わった。社会主義陣営と資本主義陣営の間の闘争は、……今は西風(資本主義諸国)が東風を圧倒しているのではなく、東風が西風を圧倒しているのである」と語り、翌日はさらに「(米国をはじめとする)すべての反動派は張子の虎である」と強気の国際情勢認識を披露したのである。それらの主張を六〇年代に顕在化する中ソ論争から振り返るなら、フルシチョフが進めようとした米国との平和共存路線を「弱腰」と痛烈に皮肉り、中国としては未処理の「台湾問題」、民族解放闘争の重視からして到底受け入れられない内容と判断したからであろう。

4　大躍進と人民公社化運動

「社会主義建設の総路線」

訪ソから帰国して間もなく、毛は一九五八年四月まで、杭州、南寧、成都、漢口など精力的に全国視察を行い、各地で「反冒進と右派は五十歩百歩だ」「人民大衆のかつてない積極性と創造性の高まりが見られる」「イギリスを追い越す」といったラディカルな講話を続けた。また反右派闘争も継続され、とくに地方の指導者で積極性を欠くと見られた人々が大幅に失脚を余儀なくされた(一級行政区政府のトップは半数近くが交代)。こうした段階を経て、五八年五月、中共第八回全国大会第二回会議が招集された。ここで急進的な社会主義化ともいうべき「社会主義建設の総路線」が採択された。いわゆる「大躍進」の始まりである。が、その内容は明確に在るべき理想の社会像を提示し、それに向かっての段取りを示したものというより、建設に向けての独自の方法(大衆路線と二本足路線)と意気込み(主観能動性)を強調したものであった。二本足路線とは、工業と農業、中央の工業と地方の工業を同時に発展させ、西洋技術と「土法」(中国伝統技術)を併用するといった考えで、

(重)工業・中央の工業・西洋技術の偏重のソ連方式からの離脱であることは事実であった。

目標としては、「一五年で米国を追い越す」といったフルシチョフを意識し、一応控えめに資本主義第二位の英国を目標に「工業生産において一五年以内で追い越す」と言ったが、基本的には生産の飛躍的な向上を目指すものであった。「多く速く立派に無駄なく社会主義を建設しよう!」という有名なスローガンにこのことが集約されている。

しかし、工業では鉄鋼業生産の偏重が特徴的であった。しかもその品質はほとんど軽視され、もっぱら増産のみが強調された。五七年の実績五三五万トンに対して、一〇七〇万トンとほぼ倍増が初年度の目標になった。農業面では国家や工業面からの支援が期待できない状況下で、農民の集約農業に頼り、大衆運動に依拠した大規模な水利・灌漑建設、堆肥運動を展開し、食糧生産の大幅増を実現することであった。毛は資源・資金・人材など客観的な条件を十分に考慮することなく、もっぱら「一窮二白論《いっきゅうにはくろん》」(窮していることと何もないことは中国の特徴だが、かえってやる気を起こすという意味ですばらしいとの主張)を展開し、人間の主観能動性を強調し、この大生産運動に挑ませた。

人民公社の広がり

大生産運動と同時に、社会の大改造も目指された。土法を中心にした小規模な地方工業の普及、さらに人民公社の建設がそれであった。人民公社は後の鄧小平時代の初期に解体されるまで、中国型社会主義の典型といわれるほど、重要な経済社会の構成部分であった。五八年三月に毛が合作社の合併問題を提起し、四月に河南省遂平県の衛星社で四つの郷と二つの生産合作社(計二七の小型合作社、九三六九農家)を併合して一つの大型合作社を作り高生産を上げた。当初はさまざまな言い方がなされていたが、やがて毛沢東が八月、同じ河南省の七里営郷における同様の試みを視察し、「人民公社はすばらしい」(人民公社好!)と語り、これが大きく報じられた。さらに八月末の中共中央政治局拡大会議(北戴河《ほくたいが》会議)で「人民公社建設の決議」が採択され、人民公社化は一挙に広がっていった。

人民公社とは一郷一社の規模を基本とし、従来の権力機構(郷人民政府・郷人民代表大会)と合作社を一体化し(政社合一)、その中では農業・工業・商業・文化・教育・軍事を互いに結びつけ、集団生産、集団生活を主とした自力更生・自給自足の地域空間を目指したもので、中国における共産主義の基層単位と見なされた。人民公社の建設は五五―五六年の合作社化以上に急ピッチで進んだ(三七頁図参照)。人民公社化は北戴河会議以前に本格化しており、八月末には全農家の三〇・四%が参加し、九月末には九八%、一二月末には九九・一%、計二万六五七八社に達している。

巨大な実験

異常なまでの高速度の鉄鋼生産運動と水利・灌漑建設運動、さらには人民公社化の現象は何を意味していたのであろうか。大躍進は疑いなく人間の精神力と集団力にもっぱら依拠した大増産、自然改造、社会改造の巨大な実験であった。そして確かに、大規模な水利・灌漑工事など、これまで不可能と思われた数々の建設事業も可能にした。しかし同時に、個々の客観的な条件や力量、相互のバランスをあまりにも無視し、かつ進行過程の調整メカニズムを欠いていたため、やがて深刻な歪みを露呈することになる。

例えば、鉄鋼生産を一年で倍増する方針のため、五八年九月までに全国で農民たち五〇〇〇万人が動員され、六〇万カ所に小型の土法高炉が作られ、年末までに一億人が動員された。それにより生産倍増の目標は達成したものの、素人の製造技術のため三〇〇万トン(総量の三〇％近く)が粗悪で、基本的には使い物にならない鉄であった。さらに「集中豪雨」的な鉄鋼増産、水利・灌漑建設運動は、農業生産活動に支障をきたし、五八年の農業投入労働力は前年比三八一八万人減少となり、食糧生産量は目標の三億—三・五億トンを大幅に下回る二億トンとなった。この傾向は以後さらにひどくなり五九年には一億七〇〇〇万トン、六〇年にはさらに一億四三五〇万トンと低下した。

また急速な人民公社化は、多くの場合、物質的、制度的条件が整わないままで実施されたため、看板だけが人民公社で、実際には従来の合作社のままといったものが多かった。さらに人民公社は「一平二調」すなわち「働いても働かなくても同じ」といった悪平等主義と、上からの命令・調達主義による農民の生産意欲の大幅低下といった現象が広がった。その上、「自由に食べられる」公共食堂など「共産風」による食料や資材の大浪費を招いた。にもかかわらず反右派闘争以来、こうした急進路線へのチェックや異議申し立てはますます困難になっており、下級幹部は上級幹部に対し、批判されないために虚偽の誇張した生産報告を行い、上に行くにしたがって雪だるま式に膨れ上がるといった非現実的な数字が独り歩きし始めていたのである。

5　彭徳懐事件と大挫折

廬山会議

誇大な報告を受け、一九五八年九月、毛沢東は一段と非現実的な見通しを語っている。「今年の穀物生産量はほぼ二倍に増大するだろう。……粗鋼は二倍を超えそうだ。……要するに来年は基本的にイギリスに追いつき、造船、自動車、電力など数項目を除いて、イギリスを追い越しそうである。一五年以内でイギリスに追いつくという計画は二年で基本的に実現される」(『毛沢東思想万歳』上)。しかし、上で述べたように現実はかなり厳しい状況になりつつあった。毛のこうした発言は、彼への権力集中、カリスマ化が進んでいただけに、一般的な見通しとは意味が異なり、いっそう深刻になることが予想された。

こうした中で中国政治の発展にとって重大な事件が発生した。いわゆる「彭徳懐事件」である。彭徳懐は、毛と同じ湖南出身で二〇年代の根拠地時代から毛と行動を共にし、朝鮮戦争では人民志願軍総司令官として全局を指揮し、国防部長(国防省の大臣に相当——以下、政府の「省」

は中国の表記である「部」に統一)・中央軍事委員会副主席の要職にあった人物で、毛とは長い革命闘争の中で「同志」と呼び合える仲であったといわれる。

五九年七月初旬から八月中旬にかけて二つの重要会議、中共中央政治局拡大会議と中共八期八中全会が江西省廬山《ろざん》で開かれた(俗に「廬山会議」と称される)。もともとこれらの会議は大躍進のもたらした幾つかの重大な行き過ぎ・歪みを調整するために開催されるはずであった。まず政治局拡大会議は政治局員の他に省・市・自治区の党委員会第一書記、国家関連部門責任者らが参加した。参加者の多くは五、六月に各地の実情調査・視察を行って中南区、華東区、西北区などに分かれて熱心に意見交換がなされた。彭徳懐は、西北区組に参加し発言した。彼も会議前故郷の湖南を視察し生産が減少し「餓死者」まで出ている状況を深刻に受け止めていた。彼の主張のポイントは、①大躍進の勝利を強調しすぎて幹部が傲慢になり大衆から遊離し始めている、②経済発展の法則を軽視するな、③左傾の誤りが是正しにくくなっている、④高級合作社の長所が十分に引き出せていない今日、人民公社建設は早すぎた、⑤第一書記の個人決定がはびこり、党委員会の集団指導がなく党内民主が停滞している、などであった。

その後、彭徳懐は周小舟《しゅうしょうしゅう》湖南省第一書記らと意見交換し、西北区会議の発言を整理し、毛沢東に私信の形で意見書を提出した。それは基本的には、大躍進政策と毛の指導を正しいと支持した上で、上に挙げたような問題点を率直に指摘したもので、党内民主の原則を逸脱したとは言えなかった。しかし毛はこれに猛然と反発した。「一部の人は肝心要のときに動揺し歴史の大風大波に揺らいでしまう」と不満を表明し、間もなく彭徳懐および彼に同調した黄克誠《こうこくせい》、周小舟、張聞天《ちょうぶんてん》らに「毛沢東に下野を迫った野心家、陰謀家、偽君子」「右翼日和見主義反党軍事グループ」とレッテルを貼り、失脚に追いやってしまった。そして中共八期八中全会では「当面の主な危険は一部の幹部に成長しつつある右翼日和見主義の思想である」とのコミュニケが出された。この結果、極左盲動主義的な大躍進の「行き過ぎ」を是正するどころか、いっそう急進主義路線を走ることとなった。加えて、五九―六一年には大自然災害が発生し、一人あたりの食糧は飢餓線上を下回るほどの深刻な事態となっていた。にもかかわらず虚偽の誇大報告と熱狂主義、「共産風」の浪費が続き、歴史上かつてなかったほどの大量の餓死者を生む悲惨な事態となったのである。

今日、死者の数を伝える正確な記録、資料は残されていない。しかし様々な形で伝えられる数字は、実に一五〇〇万人から四〇〇〇万人に及んでいる。総人口の二・五%から六%に及ぶ餓死者から推計すると、当然、餓死線上の人々はその数倍に及ぶであろう。毛の野心的な大躍進がいかに悲惨な「大挫折」に終わったかが、この数字からだけでも理解されるのである。

国際関係の緊張

大躍進政策は、国内問題にとどまらず国際関係でも重大な緊張を引き起こした。中ソ関係、米中関係、中印関係の悪化である。五八年七月に訪中したフルシチョフは、中ソの共同防衛を強化するため「中ソ共同艦隊」の建設や無線基地建設問題を提案した。しかし、中国はこれを「内政干渉」と見なして拒否した。さらにフルシチョフは「人民公社建設は小ブルジョア熱狂主義の傾向にある」と警告し毛の反発を買った。これに対してソ連側も五九年、中国への核技術供与を含む「国防新技術に関する協定」(五六年に仮調印)の破棄決定を行った。ソ連が米国との平和共存政策の推進を優先したことは明確になった。と同時に中国との亀裂が決定的となる第一歩に踏み込んだと言えるのである。

米国との関係では台湾問題が浮上した。フルシチョフの帰国直後(八月二三日)から、中国は何の前触れもなく一方的に台湾の金門・馬祖《ばそ》島を攻撃し、一日一万発を超えるほどの砲撃を続けた。九月初め米国は第七艦隊を派遣し国民党軍を支持し、両者の緊張は高まった。しかしやがて中国は金門島作戦を中止し、ようやく一〇月二五日以降、危機は去った。

インドとの関係は、ダライ・ラマの亡命をインド政府が受け入れたことから悪化した。もともと大躍進の急進路線は、辺境地域における少数民族の指導者たちを「ブルジョア民族主義」「地方民族主義」として批判する動きを強めていた。ダライ・ラマはこれに反発、チベット動乱が発生し、やがて中央は武力鎮圧に乗り出し、五九年三月、ダライ・ラマは亡命を余儀なくされた。ネール首相がインドにおけるダライ・ラマの亡命政府を認めたことから、中印は対立し、同年八月、東部国境で軍事衝突が発生するまでに緊張は高まった。しかも中印の対立においてソ連は「中立の立場」を取ったため、中国の対ソ不信はいっそう強まったのである。

そして九月、アイゼンハワー米大統領との間で平和共存を謳う歴史的な米ソ会談を終えたフルシチョフは、その帰路二度目の中国訪問を行った。しかし、毛とはギクシャクしたやり取りに終始し、共同声明の発表さえ不可能なほどであった。国内はまさに彭徳懐失脚事件で揺れ動いている最中のことである。毛らによる「右翼日和見主義軍事クラブはソ連・東欧との国際的背景がある」との表現に見られるように、国内の政治混乱、それに翻弄された大躍進政策、そして緊張の高まる国際関係は、毛沢東にとってまさに同一の思考枠組みの中で相関しあっていたのである。

第三章　プロレタリア文化大革命

異常なまでの革命的熱狂と毛沢東個人崇拝が高まるプロレタリア文化大革命(1966年10月).
写真提供：中国通信社.

1 経済調整と毛沢東の危機意識

文革とは何か

プロレタリア文化大革命(文革)とは、広義には一九六五年、ないしは一九六六年から一九七六年の毛沢東の死に至る時期にみられた、毛の理念の追求、ライバルとの権力抗争といった政治闘争に加えて、それらの影響を強く受けながら、大嵐のごとき暴力、破壊、混乱が全社会を震撼させ、従来の国家や社会が機能麻痺を起こし、多くの人々に政治的、経済的、心理的苦痛と犠牲を強いた悲劇的な現象の総体を称する。文革の犠牲者は、正確にはわからないが死者一〇〇〇万人、被害者一億人、経済的損失は約五〇〇〇億元とも言われるほどであった。狭義には、六六年から六九年の中共第九回全国大会までの中央から末端に至る、「紅衛兵」、労働者、農民らをまきこんだ激しい政治闘争を指す(ここでは狭義の文革を見ていく)。

まず素朴な疑問として、何故かくも凄惨な政治的事件が「大躍進」の悲劇からわずか五年足らずで、再び発生してしまったのかということである。この問いに答えようとするならば、われわれはそれをたんなる権力闘争として、あるいは崇高な理念が政治闘争の荒波の中で裏切られ引き裂かれた「逆説」的な悲劇として描くだけでは不十分であろう。文革とは何であったかを考えるならば、毛沢東を頂点とした指導者層が抱いた国内・国際情勢に対する強烈な危機意識、権力的確執と同時に、学生、労働者、農民ら一般庶民の間に芽生えていた社会的不平等への不満など社会の構造的矛盾に目を向け、それらの共鳴現象として、その激しさと規模の大きさを捉えるべきである。しかしその中でもやはり、文革理解の第一の鍵はやはり毛沢東をどのように把握するかにあるだろう。

革命家毛沢東

毛についての議論は様々であるが、敢えて筆者の見方を提出するなら次のようである。毛は少年期より自我の強い性格で、青年期以降は社会と深く関わることによって自我は強い信念に変わった。彼の信念を構成する最も重要なファクターは、ナショナリズムと革命であった。辛亥革命に参加した動機について「ああ、中国はまさに滅びんとす」と書かれたパンフレットのスローガンを見て救国に奮い立ったためだったと後にエドガー・スノーに語っている(『中国の赤い星』)。彼の強い自我は、三五年以前の中共主流派との対立、第二次国共合作、内戦期における基本問題(中共政権・軍の指揮権)での蔣介石への非妥協的態度、五〇年代後半からのソ連との国際共産主義運動の総路線に関する論争に示されている。そして毛が、党のやがて国家の最高指導者となる中で、彼の強い自我は中国の民族的自尊心の回復、世界で注目され賞賛される中国を建設するという信念に昇華していったのである。彼は同時に生来、既存の強い権威に対する反逆児であった。父親に対する反逆は有名であるが、さらには既存の教育の権威、マルクス主義の教義に依存する権威などにことごとく反逆している。彼の権威への反逆は最後には世界支配の権威(米ソ超大国)に反逆するところにまで行きついた。その意味で常に現状を打破しようとする革命家であったといえるだろう。しかし皮肉にも、彼自身が権威者となることは否定せず、むしろ毛沢東思想を高く掲げ、個人崇拝をあおることを認めた。最大の権威者になりながら他の権威に反逆するという矛盾した毛のビヘイビアが、毛を建国以後、革命的な独裁者にし、かつ悲劇を大きくした要因の一つであった。

毛は革命の重要な一つの要素である敵の打撃に関しては、きわめて冷静に見通しを立て、策略を練ることにたけた世界でも類まれな軍事戦略家であった。彼の傑出した持久戦論、遊撃戦争論、大衆路線論、統一戦線論、根拠地論などの理論は、具体的な戦争の中で生まれたものであった。しかも、敵に対する勝利のためには味方の犠牲を少しもためらわないほどの冷徹さ、非情さを持っていた。

しかし、建設者としての彼の思考は大躍進に見られるごとく性急であり、緻密さに欠けていた。「新民主主義論」「十大関係論」のように一般論として「富強の中国」「特色を持ち繁栄した中国」への展望を語ることは可能であったが、具体的な取り組みになるとえてして軍事戦略的発想に強く引っ張られている。さらに年老いて行く中で、彼の未来社会像はますます現実の問題から遊離し、単純化した理念となっている。近代化建設は人口、資源、インフラ、先端技術、人材などさまざまな制約条件の中でどのような構想と手順をもって力量の適切な配分を行っていくかが必須であり、きめの細かさが求められた。毛が近代化建設に次第に不熱心になっていったのは、彼のこうした思考的欠陥と関連しているかもしれない。時代がまさに革命期にある時には、毛の欠陥はそれほど表面化せず、彼の長所がフルに発揮された。しかし建設の時代に入ってこの欠陥は深刻な問題となった。しかも指導体制の中に、こうした欠陥をチェックするメカニズムがなかったため、しばしば毛の暴走、熾烈な権力闘争を生み出すことになったのである。

建設路線の食い違い

では、以上の毛沢東イメージを手がかりの一つとしながら、文革の解説を進めよう。まず文革の発生を歴史の文脈に沿って考えるなら、大躍進の失敗直後からの動向を見ておく必要がある。大躍進の挫折を総括し、新たな経済再建に本格的に取り組むようになったのは、一九六二年の中共中央拡大工作会議（俗に「七千人大会」と言う）であった。しかし別の角度から見れば、この大会が文革の起源、少なくとも重大な節目と言えるだろう。すなわち、七千人大会では毛は大躍進政策の失敗に対する「自己批判」を余儀なくされ、同大会の主役は経済の立て直しを強く訴えた劉少奇・鄧小平に移った。劉・鄧はここで「八字方針」すなわち「調整、鞏固《きょうこ》〔強化〕、充実、提高〔向上〕」と呼ばれる経済調整政策を定め、政治・思想問題を二の次にした。劉・鄧路線は具体的には「三自一包《さんじいっぽう》」(自留地、自由市場、損益自己負担と農家の生産請負制)を推進し、さらには農産物買い上げ価格の大幅引き上げ、ボーナス支給など一定の物質刺激を導入し、生産と生活の向上を図った。「脱大躍進」は急速に広がった。

例えば、六二年に安徽《あんき》省の八五%の生産隊(自然村規模で人民公社の末端組織)では土地を農民に分配し「責任田」と呼ばれる一種の農家生産請負制が実施された。広東、広西、河南、湖南など、幾つかの地域でも労働請負制、生産請負制の経営方式が採られるようになった。各地の調査の結果、これらのやり方は生産の回復に積極的な役割を果たしていることが明らかになり、劉・鄧は支持した。この時期に鄧小平が語った「白い猫でも黒い猫でもネズミを取る猫が良い猫」(白猫黒猫論)という言い回しがこのことを象徴していた。間もなく経済は回復基調に入り、六三―六五年には国民経済のバランスも回復し、工農業生産も上昇に転ずるようになった。

これに対して毛は表向き劉・鄧の政策に同意しつつも、七千人大会のわずか九カ月後に開かれた中共八期十中全会で、「階級闘争を絶対に忘れるな!」と政治・思想重視の主張を強く訴えるようになった。続く六三年には農村で社会主義教育運動が取り組まれたが、劉・鄧が生産活動に支障をきたさないよう政治的混乱を避け、幹部の工作態度や不正の是正に重点を置いたのに対し、毛はこの運動を農村の階級闘争として重視せよと主張した。こうした食い違いは、未だ回復していない大躍進のダメージを考慮するなら、当初は党内指導部のたんなる認識のズレ程度として受け止められていたに違いない。しかし、劉・鄧に指導された国内の生産力・経済効率重視の路線が、以下に述べる毛沢東の国際世界における「危機意識」と抵触することによって、経済・社会建設路線をめぐる重大な食い違いとなり、さらには「革命路線」か「修正主義路線」かという深刻な政治・思想的「亀裂」となっていったのである。

国際社会からの孤立

では、国際情勢およびそれへの認識はどうだったのか。一九五〇年代末の中ソの亀裂、台湾海峡をめぐる米中の緊張、中印国境紛争はすでに触れた。六〇年に入り、ソ連は突如、中国駐在のソ連人技術者一三九〇名の引き上げを一方的に通告し、大型の経済建設プロジェクトに対するソ連の支援が断ち切られた。その直後から六二年あたりにかけて、断続的に新疆ウイグル自治区の中ソ国境で武力衝突が発生するようになった。六二年の一〇月には、中印国境で大規模な紛争が発生し、その直後に「キューバ危機」が起こり、ケネディ大統領の積極的な海上封鎖によってフルシチョフはキューバからのミサイル撤収を余儀なくされた。

ソ連のこの譲歩を中国は米帝国主義への「屈服」と非難した。台湾は中ソの亀裂を見て、さかんに「大陸反攻」の主張を強めた。そして六三年には、「人民日報」社説「食い違いは何処から来たか」(二月二七日付)、中共中央「国際共産主義運動の総路線についての提案」(六月一七日付）の発表によって全面的な「中ソ論争」に入ったのである。同じ年の八月、米・ソ・英により部分的核実験停止条約が調印されたことも、中国の孤立感をあおった。

毛沢東はこうした国際社会からのインパクトによって強烈な「孤立感」「危機意識」を抱いた。否むしろ、経済重視を掲げる路線を、毛はフルシチョフの修正主義的傾向、さらには資本主義の道につながるものとして、強く警戒するようになった。それ故に、劉・鄧イニシアチブによる国内経済の回復は、必ずしも国家・社会基盤の回復、安定にはつながらなかった。

国際情勢と国内動向の両面から文革を捉えようとするとき、六四年という年は実に重要な意味を持ってくる。まず、毛は「人民日報」一月二一日付で西欧などを第二中間地帯として加えた新たな「中間地帯論」を公表した。中間地帯論は一九四六年、アンナ・ルイ・ストロングとの対話の中で初めて語られた毛の独自の国際情勢認識であったが、冷戦の強まる中で、ソ連指導者によって使用することが禁じられていた。しかし、米ソ二大陣営の間にあって反帝国主義・民族解放闘争を重視するこの考えは、五五年のバンドン会議に対する中共指導者の姿勢を反映し、やがて中ソ対立の深化の中で堂々と復活したのであった。さらに二月には「人民日報」が「全国は解放軍に学ぼう」と題する社説を発表した。それはたんなる軍事専門家・戦闘集団ではない、政治思想、政治工作、生産活動、社会奉仕活動に取り組む解放軍を人々は模範とせよ、という呼びかけであった。続いて「農業は大寨《だいさい》に学ぼう」「工業は大慶《だいけい》に学ぼう」とのスローガンが提起された。これらは全てあるべき人間像、社会像を提示し、文革初期六六年の「五・七指示」(第4節参照)に重なる、人間の精神、平等な人間関係を重視し、自給自足型、自力更生型の共同体世界を目指したものであった。それらは経済近代化、分業化、経済効率を重視する考え方に真っ向から対抗するものであった。毛にとって経済重視は「階級闘争」を忘れた危険なもの、すなわち「修正主義的考え」と映ったのである。

米ソに対抗する軍事力

さらに毛の国際関係における「危機意識」が中間地帯論を戦略化する方向で、国内全土を揺るがす二つの壮大な計画を産み落とした。一つは、米ソとの直接戦争を想定し、これを人民戦争として戦うための体制作り、「国防三線建設」の推進を決定したことである。六四年五月から約一ヵ月間開かれた中共中央工作会議で、毛は中国全土を人民戦争の舞台と想定し、米ソの攻撃に備えるべく、従来沿海、大都市に集中していた軍事施設、重工業基地を貴州、四川、甘粛、陝西など内陸奥地の第三線に移し、大後方基地を建設しようと呼びかけた。もともと辺境地で基礎条件がない地域であったため、膨大なコストを必要とした(六六年からの五ヵ年計画では基本建設投資総額八五〇億元中、約六〇%が国防建設に向けられた)。さらに一〇月には、もう一つの計画、米ソの核支配に激しく対抗し、自力で初の原爆実験に成功したことである。この実験は六七年六月、文革の最中に水爆実験を成功させることにつながり、米ソ中心の国際秩序への挑戦でもあった。

六五年の初め、毛は中共中央工作会議で「今回の社会主義教育運動の重点は、党内の資本主義の道を歩む実権派を一掃することである」と、その後の文革に直結する方針を提起した。さらに八月、フランス国務相のマルローとの会談で、「ソ連は資本主義の道を歩んでいる。米国とヨーロッパは歓迎しているが、われわれは歓迎しない。……〔われわれの目標は〕修正主義に反対することである」と言明した(『毛沢東思想万歳』下)。まさに「国内危機意識」と「国際危機意識」が一つとなった毛の思考であった。そしてここに、文革がたんなる国内の権力闘争としてのみでなく、国際社会の変革への挑戦と強く結びついていた根っ子を見ることができるのである。

2 反撃に向けての毛の戦略と体制作り

「実権派」打倒へ向けて

大躍進の失敗とその後の調整政策による経済回復の流れは、中共内、とりわけ中共中央内で劉・鄧の威信を高めていた。中共中央の正式な機関、例えば中央委員会、中央政治局、中央書記処(鄧小平が書記処総書記)、中央宣伝部、中央組織部、中央農村工作部、さらには北京市党委員会(彭真《ほうしん》が第一書記兼市長)などは、劉・鄧の強い影響力の下におかれるようになった。つまり指導者としての毛の威信、権威が、劉・鄧の上昇によって相対的に低下し、毛自身が孤立感を強めていたのである。この点も文革発動のもう一つの要因であった。後にエドガー・スノーのインタビューを受けた毛は、一九六五年初めの「実権派打倒」を提起したその頃、劉・鄧を本気で打倒する気になったと語っている。毛の目標は徐々に固まってきた。第一は、劉・鄧および彼らの指導部における人脈の徹底的打破である。第二は、劉・鄧の影響を強く受けた中央と地方指導部の交代である。そして第三は、劉・鄧路線に代わる新たな基本路線の確立とそれを推進する新たな権力機構の創出であった。

だが、これらを実現するための力量は必ずしも整っていなかった。中央政治局を見回しても、明確な毛の支持者は政治局常務委員兼国防部長の林彪、政治局員候補の陳伯達《ちんはくたつ》、康生《こうせい》程度であった。しかし毛の軍事戦略家としての天才的な才能は徐々に冴えはじめた。毛の軍事的特徴は、「弱い我《われ》が強い敵を打倒する」ために、一方で拠点(根拠地)を作り上げながら、他方でいきなり敵の本陣に入ることなく、人民の大海に敵を誘い込み、攪乱し、討つというやり方であった。拠点作りの対象になったのは「武」と「文」の拠点、すなわち軍とイデオロギー部門であった。軍指導部内には朝鮮戦争以来、国防近代化をめぐって二つの異なった意見があり、彭徳懐失脚以降もその必要性を説く羅瑞卿《らずいけい》総参謀長と従来の人民戦争論を重視する林彪との対立があった。毛は両者の対立を利用し、林彪の羅瑞卿追い落としを支持し、林彪指揮下の人民解放軍を毛の側につけた。林彪も彼自身の目論見から積極的に毛に協力する姿勢をとった。

五九年の国防部長就任以来、林彪は「四つの第一」(人の要素、政治工作、思想工作、生きた思想を第一にする)の提唱をはじめ毛沢東思想学習キャンペーンを展開していたが、六四年には赤い小さな本『毛主席語録』を刊行した。彼は、「毛沢東思想はマルクス・レーニン主義の最高峰」などと称え、「毛主席語録を読み、毛主席の話を聞き、毛主席の指示に従って仕事をし、毛主席の良き戦士になろう」と呼びかけ、毛沢東の権威回復に大きく貢献した。毛も、既述したように六四年二月「全国は解放軍に学ぼう」と題する「人民日報」社説を発表し、これに呼応した。これに対し羅瑞卿がどこまで軍事戦略論、国防近代化論で林彪に対抗したかは不明である。また国際路線をめぐって米ソ二大国との闘争を強調した林彪と米国を敵としソ連との統一戦線にこだわった羅瑞卿との闘争という見方もこれまでなされたが、この点も異論が出ている。ただし、羅瑞卿が林彪の進めようとした個人崇拝、毛の神格化に反対し、毛の抱き込みを受け入れなかったこと、さらに羅自身が彭真系の人物と目されていたことは事実である。六五年一二月、中共中央政治局常務委員会拡大会議で、羅は総参謀長を解任され失脚した。

「海瑞免官」批判

他方、イデオロギー部門の拠点は中共中央宣伝部であった。ここは部長の陸定一《りくていいっ》をはじめ、副部長の周揚《しゅうよう》、呉冷西《ごれいせい》とも劉・鄧に近い人物であったため、まず「揺さぶり」をかけることから始まった。

六〇年代前半には、劉志丹《りゅうしたん》(抗日根拠地の英雄)、李秀成《りしゅうせい》(太平天国の指導者)など歴史上の人物をめぐる文芸論争が活発化していた。これらの中で呉晗《ごがん》(歴史学者で北京副市長)の新編歴史劇「海瑞免官《かいずいめんかん》」が大きな問題となった。それは明代の清廉潔白な官吏海瑞が、官吏の不正や悪行を見かね断固とした処置をとった後、皇帝から罷免され故郷に帰るという筋書きで、呉晗は海瑞を称えた。ちなみに「海瑞精神に学べ」と呼びかけたのは五九年の毛沢東であった。当時これらの論争を中共中央のコントロール内で行わせようとしていた劉・鄧は、六四年七月「文化革命五人小組」を中央書記処の下に設置した。組長は書記処で鄧小平に次ぐナンバー2の彭真、組員は陸定一、周揚、呉冷西に康生と、康生以外はほぼ劉・鄧系で固めていた。

毛はまず呉晗をターゲットとして揺さぶりをかけ、康生を除く「文化革命五人小組」を中央指導部から引きずり降ろすことを狙った。毛は呉晗の歴史劇を「階級的な問題」として重視し、妻の江青《こうせい》を使って密かに上海で反論の評論を準備させた。六五年一一月、上海「文匯報《ぶんわいほう》」に姚《よう》文元《ぶんげん》の「新編歴史劇「海瑞免官」を評す」が掲載された。それは呉晗の歴史劇の本質が歴史の解釈にあるのではなく、当時の「単干風」(請負制)や「翻案風」(政治的冤罪の名誉回復)を支持し、ブルジョア、地主、富農の復活、さらには彭徳懐の名誉回復を図った政治的陰謀が隠されていると非難したのである。毛の真意がつかめぬままに対応しようとした劉・鄧・彭真らは、この問題を文芸領域の問題に留め政治問題化させることにブレーキをかけた。中央政治局常務委員の大多数は姚文元の観点に不同意を示し、各省・市の宣伝部など関係部門に同評論の掲載通知を出さなかった。「五人小組」は「学術上の根本的な是非の問題は……武断や権勢によって人を圧倒してはならない」と断じ、文芸批判を学術論争内に留めようとして六六年に「二月提綱」を発表した。

こうしたブレーキは毛の思うツボであった。標的が見えてきた毛は激しく攻撃に出た。「現在、学術界や教育界はブルジョア知識分子に実権を握られている。……呉晗と翦伯賛《せんはくさん》は共産党員であるがやはり反共であり、実際は国民党である」(六六年三月)。「左派の原稿(姚文元の評論)を没にして右派をかばうものは大学閥であり、中央宣伝部は閻魔殿《えんまでん》だ。閻魔殿を打倒し小鬼を解放しよう」(同年三月)。

四月に入って、攻撃の狙いはさらに北京市党委員会に向けられた。呉晗と共に党委員でコラムニストの鄧拓《とうたく》、廖沫沙《りょうまつさ》は「三家村グループ」と呼ばれ「反党・反社会主義」との批判を受けた。やがて杭州での中共中央政治局常務委員会拡大会議で彭真批判が明確にされ、その直後毛は「北京は針一本、水一滴しみ通せない。彭真は自分の世界観に従って党を変えようとしている」と強く非難した。「五人小組」、中央宣伝部、北京市党委員会は大きく動揺した。

その同じ場で、毛はさらに「中央にいるものが良からぬことを企むなら、私は地方へ行って彼らを攻撃するよう呼びかける。……あの〝玉皇大帝〟(道教の上帝)を保護しようとする輩をやっつけなければならない。彭真は党内に紛れ込んだちっぽけな人物で、何らたいしたことはない」と意味深長な発言を行っているのである(『毛沢東思想万歳』下)。

文革司令部の形成

六六年五月四日から二六日にかけて、中共中央政治局拡大会議が北京で開かれた。五月一六日には毛自身が手を入れ、その後の文革の綱領的文献の一つとなる「中共中央通知」(いわゆる「五・一六通知」)が採択された。そこでは「二月提綱」の取り消し、「文化革命五人小組」の廃止、新たな「中央文化革命小組」(組長・陳伯達、顧問・康生、副組長・江青および張春橋《ちょうしゅんきょう》)の設置などが決定された。さらに文革の直面する問題として、なお具体的な表現は避けていたが、「党、政府、軍と各文化界に紛れ込んだブルジョア階級の代表分子、反革命修正主義分子」「フルシチョフの類の分子」と「生きるか死ぬかの闘争をする」ことであるとされた。さらに同会議は最終日の前日に彭真、羅瑞卿、陸定一の中央書記処書記、楊尚昆《ようしょうこん》の同書記候補、彭真の北京市党委第一書記兼市長などの職務の解任を決定した。「中央文革小組」の設置は、文化大革命の本格的な推進の指導的中核の形成を、その他の諸決定は劉・鄧につながる権力基盤を大きく切り崩すことを意味したのである。

3　紅衛兵と劉少奇・鄧小平の失脚

大字報と紅衛兵

一九六六年五月二五日、北京大学で「中央文革小組」の指示を受けた講師・聶元梓《じょうげんし》ら七人が陸平《りくへい》学長ら指導部を激しく批判する大字報（壁新聞）を貼り出した。五月二九日、清華大学付属中学（日本の高校に相当）の約四〇人の学生によって紅衛兵と呼ばれる組織が誕生した。六月一日、毛は聶元梓らの大字報を「二〇世紀六〇年代における中国のパリ・コミューンの宣言書である。その意義はパリ・コミューンを凌いでいる」と称え、ラディカルな学生の動きを積極的に支持した。以後急速にさまざまな紅衛兵の組織が作られていった。その上、毛は先の「五・一六通知」の直前まで約五カ月間、特別な人以外には所在を明らかにせず、「五・一六通知」後もしばしば北京を不在にし、劉・鄧らを攪乱した。劉・鄧は六月初め中共中央政治局拡大会議を主宰し、学生らの過激な動きに対し北京の各大学と中学に工作組を派遣することを決定し、さらに「大規模な糾弾会を行ってはならない」「大字報は街頭に貼り出してはならない」ことなどを定めた「中央八条」を通達した。工作組の派遣に対し、江青・康生らの指示を受けた清華大学井岡山《せいこうざん》紅衛兵らが対決し、衝突が発生した。七月二六日、毛は突如武漢に現れ、長江（揚子江）を遊泳し体力・気力の健在を誇示した。その足で北京に戻

毛沢東への忠誠を誓い，文化大革命を礼賛する紅衛兵(1967 年).

った彼は工作組の行動を「文革の運動を破壊し妨害している」と痛烈に非難した。毛の揺さぶりに古参幹部たちは困惑した。劉少奇は七月二九日の北京のある文革積極分子大会で行った講話の中で、「どのように文化大革命が進んでいるのか？　皆さんもよくわからないだろう。……まじめに答えようとすれば、私もよくわからないのだ」と素直な心情を吐露している(『新中国四十年研究』)。

八月一日から一二日にかけて、中共八期十一中全会が開催された。五日には毛の「私の大字報――司令部を砲撃せよ」が発表され、八日には文革の綱領とも言われる「プロレタリア文化大革命についての決定」(略称「十六条」)が採択され、文革は本格的な段階に入った。「十六条」は二つの目標を鮮明に掲げた。一つは「資本主義の道を歩む実権派を叩き潰す」ことで、名指しは避けているが、劉・鄧指導体制の粉砕が明確に打ち出された。二つには思想・文化・風俗・習慣面での「四旧の打破」と「四新の創造」、そして大衆自身による「パリ・コミューン型の全面的な選挙による新しい権力機構の創出」であった。前者は熾烈な権力闘争、後者は全面的な政治社会変革運動を意味していた。同時にこの会議では、劉少奇の序列がこれまでの二位から八位に格下げされた。鄧小平は毛沢東寄りに立場を移し生き残り、政治局常務委員のポストを確保したが、まもなく厳しい批判にさらされることになる。代わって林彪が二位に上昇し、しかも唯一の副主席に指名された。

公然化した劉・鄧攻撃

十一中全会以降、劉・鄧への攻撃は激しさを増した。八月二一日、「紅旗」社説は「職位がどれほど高かろうと、どんなに古参だろうと、絶大な声望があろうと、毛沢東思想に反対するならば断固闘争する」と事実上、劉・鄧打倒の決意表明を行った。翌二二日には清華大学構内に「劉少奇の七月講話は反毛沢東思想である」との壁新聞が貼り出され、公然たる攻撃が始まった。そして一〇月二三日の中共中央工作会議の場で劉・鄧は自己批判の文書の提出を余儀なくされ、以後事実上の軟禁状態に置かれた。一一月二日、中共中央組織部の名で、劉・鄧名指し批判の壁新聞が大量に貼り出され、一一月七日には「鄧小平は実権派ナンバー2」の壁新聞が、そして年末以降「劉少奇・鄧小平打倒」のキャンペーンが全国的に展開されるようになった。ほぼ同時期、彭真、陳雲、王震、陳毅《ちんき》、楊尚昆、薄一《はくいっ》波《ば》、陸定一、万里《ばんり》、羅瑞卿、周揚ら多くの古参、高級幹部らの公開批判闘争も紅衛兵によって進められた。

この頃、権力闘争としての劉・鄧打倒はほぼ決着がつき、その後彼らは一方的な批判、迫害を受苦するのみであった。六七年に入り、一月以来、劉少奇は執務不能状態に置かれ、家族も巻き込まれ批判闘争を受けるようになった。激しい「批判」が繰り返される中で譚震林《たんしんりん》、陳毅ら古参幹部は、二月、文革の行き過ぎに異議をとなえ、中央文革小組を非難した。これは「二月逆流」事件と呼ばれ、毛沢東、林彪らから逆に批判を受け、文革はさらに急進化していった。四月一日には「人民日報」は劉を「党内最大の実権派、中国のフルシチョフ」とレッテル貼りをした戚本禹《せきほんう》論文を掲載した。七、八月には中南海で、劉・鄧・陶鋳《とうちゅう》批判の大規模な集会が開かれ、九月には要人居住区の中南海からの「反革命分子」「黒い集団」の一斉追放が決定され、劉・鄧の子女は親から引き離され不遇の日々を送ることとなった。習仲勲《しゅうちゅうくん》副総理を父にもつ習近平《しゅうきんぺい》も反動学生とされ、六九年から七年間、陝西省の貧しい農村に下放された。六八年二月、鄧小平は「もう一人の党内最大の実権派」と決め付けられた。そして一〇月、中共八期十二中全会が開かれ、劉少奇は「帝国主義、現代修正主義、国民党反動派の手先」として党からの「永久除名」が決定された。他方、鄧小平の場合は、毛のある意図が働いたと見られるが、劉のように「審査小組」が組織されることもなく、十二中全会では「除名」でなく「留党〔党籍保留〕監察」の処分にとどまった。

以上が劉・鄧打倒の経過である。文革を権力闘争としてのみ捉えようとするなら、おそらく六六年の末、もしくは六七年の前半で文革が終息したとしても不思議ではなかった。しかし現実は、文革はそれ以降全国に広がりもっとも激しさを増し、混沌の中で惨劇を増幅したのであった。文革はもう少し別の角度からも見ていく必要があるのである。

4 毛の理念・野心、フラストレーション社会との共鳴

平等の追求

文革を毛の飽くなき理念の追求から捉えようとするならば、劉・鄧の失脚は第一幕の結末であると同時に、第二幕の始まりであった。すなわち毛自身がこだわり続けた「夢」「希求する理念」実現の本格的な開始である。では毛の「希求する国家・社会」とは何であったのか。一九四〇年代以来、毛がしばしば「統一、独立、民主、富強の中国」すなわち近代化された中国の建設を語ってきたこと、そして建国後は「ソ連モデル」の下でそれを実現しようとしてきたことは事実である。しかし既述したように、一九五〇年代後半以降毛はソ連モデルからの脱却を強引に進めた。

では、ソ連モデルの何が毛にとって受け入れがたかったのか。要約するならば、過度な中央集権による特権官僚のエリート社会と重工業偏重による工業化社会、分業化された社会であっ

た。毛は文革開始直後の六六年五月、「林彪同志に宛てた手紙」(いわゆる「五・七指示」)の中で、大躍進期の人民公社論につながる「希求する社会像」を次のように語っている。「軍隊は大きな学校であるべきです。……ここでは政治、軍事、文化を学び、さらに農業・副業に従事する。若干の中小工場を建てて自分の必要とする製品、国家と等価交換する製品を生産する。……同じように労働者も工業を主とし兼ねて軍事、政治、文化を学ぶ。条件の許すところでは大慶油田のように農業・副業生産に従事する。……農民は農業を主とし、兼ねて軍事、政治、文化を学ぶ。条件の許すところでは集団で小工場を設立し、ブルジョア階級を批判する」。以下、学生、党政幹部も同様に専門化、分業化を極力避けた自給自足的な生き方が求められている。

無論、毛の中で物質的な豊かさがアプリオリに否定されたわけではない。しかし物質的な豊かさの追求が貧者と富者の格差の拡大、精神的な堕落につながるのではないかとの危惧が強まっていった。そのため次第に精神的な豊かさの追求と物質的な豊かさの追求が毛の中でパラレルに存在しにくくなった。精神労働と肉体労働、都市と農村、工業と農業の格差を問題にした「三大差別の撤廃」など、もっぱら平等主義が強調されるようになり、やがては物質的な豊かさの追求は堕落そのもの、つまり「資本主義の道を歩むもの」といった単純化された考えにとりつかれるようになった。そして経済建設に力を入れようとする官僚も技術者も知識人も「危険な対象」になっていったのである。知識青年に都市を捨て農村に入り知識を持った新農民になろうと呼びかけた「上山下郷《じょうざんかきょう》運動」は「あるべき人間像」への実践の一つであった。

　こうした社会あるいは人間の創造こそが、共産主義の実現であり、ソ連方式に対抗するモデル、あるいはフルシチョフに代わる世界革命の指導者毛沢東のオリジナリティーであると信じられた。文革の最中の六七年六月、中国は初の水爆実験を成功させ、自らの力を世界に向けて誇示した。その三カ月後の九月、毛は次のように力説している。「（現在、世界各地で反中国の動きが起こっているが）これは米帝国主義とソ連修正主義が共同して画策したものである。これはわれわれが孤立しているのではなく、全世界に対するわれわれの影響力が大いに高まっていることを示すものである。中国の道こそが解放への唯一の道である。……わが中国はたんに世界革命の政治の中心であるばかりでなく、軍事上でも、技術上でも世界革命の中心となり、……世界革命の兵器工場とならねばならない」（『毛沢東思想万歳』下）。これらの中に毛の目指す革命、毛の野心がくっきりと浮かび上がってくる。

差別構造とフラストレーション

　そして毛の呼びかけを受け入れ、積極的にそうした社会革命を目指したのが、社会経験が乏しく、感受性が強く情緒的な若者たち、紅衛兵であった。さらに毛の呼びかけに積極的に呼応し、彼の「手足」となることによって権力の中枢部に食い込んでいったのが、解放軍からの林彪系であり、イデオロギー・宣伝部門からの後述する「四人組」であった（第5節を参照）。しかし一般の紅衛兵たち、さらには多くの労働者や貧しい農民が毛に激しく呼応したのは、社会そのものの中に不満のエネルギーが充満していたからに他ならない。ここではとくに一九五〇年代後半以来、次第に蓄積し、形成されていった三つの差別構造によるフラストレーションの鬱積を指摘しておきたい。

第一は、反右派闘争以来、社会的に重大視されるようになった良い階級＝紅五類と、悪い階級＝黒五類という区分による社会的差別である。紅五類は革命幹部、革命軍人、革命遺族と労働者、農民で、黒五類は旧地主、旧富農、反動分子、悪質分子、右派分子であり、こうした出身や本人の政治的表現が、自分の知らぬところで「檔案《とうあん》」(身上調書)に記入され、公安部門によって保管され、就職、出世、結婚などに影響するようになっていた。都市では職場であると同時に生活の場でもあり、かつ相互に監視する機能を持った末端の統治システムとして「単位社会」が形成され、檔案制度と補完的な関係を持った。またある農村では当時、小学校から初級中学(日本の中学に相当)に上がるとき、「出身が六〇%、政治表現が二〇%、成績が五%、その他が一五%で考慮された」(馮驥才『庶民が語る中国文化大革命』)。こうした差別を出身血統主義と呼び、差別を受けた人々は文革の中でこれを痛烈に批判するようになった。

第二は、就業における労働者間の差別構造である。大躍進の経済破壊は都市の工業セクターに雇用できる労働者数を大きく制限した。例えば六六年から七〇年の五年間で雇用できる数は五〇〇万人、同時期に労働力人口に達する青年は一一〇〇万人で、約六〇〇万人が就業できない。そこで正規の終身雇用にあたる「常用労働制度」の他に期限、労働条件などが保証されない「臨時工・契約工制度」を設け並存させた「二本立ての労働雇用制度」を広く進めることになった。大量の臨時工、契約工は劣悪な条件の下に置かれ、社会的フラストレーションを鬱積させていた。

第三は、教育面での差別構造である。まず五四年の「重点大学」の設置以来、重点中学、重点小学校とつづき、エリート教育方式が定着した。もちろん重点校に入るには「出身階級」が大きく影響した。さらに教育の差別化を大衆レベルで拡大したのは六〇年代前半の「半工半読」「半農半読」(働きながら学習する)と呼ばれる非全日制の教育制度の普及であった。大衆の普通教育は国家予算から完全に排除されるようになった。

以上のような出身血統主義、二本立ての労働雇用制度と教育制度などが重なり合うことによって、現実には超エリートから幹部、一般大衆、「落ちこぼれ層」といった重層的な差別の構造が、社会主義社会の中に形成されていたのである。六六年一二月、紅衛兵の一人、遇羅克《ぐうらこく》が「出身論」を発表し、「すべての革命的青年はどんな出身でも皆平等に政治的権利を享受すべき」と主張し出身血統主義を批判した。翌六七年一月、全国紅色労働者造反総団と全国総工会は「契約工、臨時工も文化大革命に参加できる」と宣言し、文革はこうした社会的差別にも大きくメスを入れるかに見えた。

5　コミューン建設の挫折・混乱

毛の「希求する理念」建設と積極的な民衆の社会変革とが結合して具体的な形となったのが、六七年二月五日の「上海コミューン」(上海人民公社)の成立であった。一月に始まった上海での奪権闘争は、労働者革命造反総司令部、農民総司令部など三八の造反組織によって上海コミューンを成立させた。後に江青らと共に「四人組」として断罪された張春橋、王洪文《おうこうぶん》、姚文元がここでは指導的役割を果たした。「四人組」は、ある意味で権力中枢部にいる人々の中で毛の理念をもっとも忠実に体現しようとしたグループであった。もっとも熾烈な権力闘争が絡んでいるため、彼ら自身、理念と現実の狭間で揺れ動いていた。その最初の葛藤がこのコミューン設立をめぐって見られる。

上海の奪権闘争

「上海コミューン宣言書」は次のように指摘している。「上海コミューンは毛沢東思想の指導とプロレタリア独裁の条件の下で生まれた斬新な地方国家機構である。……その構成員は下から上への全面的な大奪権が勝利した後、革命大衆によってパリ・コミューンの原則に基づいて選ばれる」。毛は上海一月革命を「大革命である」「上海の革命勢力が立ち上がったので全国に希望が生まれた」と積極的に支援していた。しかし、成立の一週間後、二月一二日に毛は「上海の活動は全ての分野で大変結構である」と言いながらも、「上海コミューン」という名称に関しては「やはり穏当な言い方をした方が良い」と不同意の意思を示した。毛発言の二日前、「人民日報」は黒龍江省での奪権、革命大衆、革命軍人、革命幹部の「三結合」方式による新権力機構＝革命委員会の創出を高く評価した社説を掲載した。やがて二月二三日、上海コミューンは上海市革命委員会と改称された。

毛自身が提起したコミューンを何故実現の第一歩で自ら放棄してしまったのか。おそらく、党と軍の組織の存続にかかわる問題への懸念が最大の直接的理由であったのだろう。すなわちパリ・コミューンのような徹底的な下からの選挙方式を重視するなら、やがて党委員会の指導権が脅かされ、党の指揮下にある軍の在り方も問題になってくる。これには党の古参幹部は無論、文革派内部および軍内でも強い抵抗があった。しかしおそらく毛にとって最大の根拠となったのは、やはり「国際的危機」の中で如何に中国が生き抜き、強く中国の存在をアピールすることが出来るかということだったのではあるまいか。党や軍が解体してしまうことは、世界革命の柱を失うことでありそれは避けなければならなかった。以後、革命委員会設立を呼びかけると同時に、六六年秋より始めた「経験大交流」を六七年三月に停止し、さらに同じ年の八月以降は文革派の中でも王力《おうりき》、関鋒《かんほう》ら極左的な指導者、「五・一六兵団」など過激な紅衛兵組織を批判し、事態の穏健化、収拾に乗り出し始めた。

武装闘争

しかし、毛の理念にそって革命をさらに推進しようとする若者、差別を受けている人々は納得しなかった。上からの引き締めは彼らの戸惑いと反発を強めた。「出身血統主義」批判や「檔案」の回収・焼却といった反差別の大衆運動も広がりを見せ、容易に抑止が効かなくなっていた。あるいは各地での大衆運動と奪権闘争が結びつくことによって、文革は六七年から翌年にかけていっそう広範に展開され、混乱の度を強めたのであった。三月から六月にかけてだけでも、江西、青海、浙江、湖北、山西、河南、安徽、内蒙古、陝西、福建、広東、寧夏などで紅衛兵のみならず労働者、農民、軍隊を巻き込んだ奪権あるいは主導権を争う激しい武装闘争が展開されたとの報告がある。

文革の混乱を示す象徴的事件として、「武漢事件」と湖南の「省無連運動」がよく知られている。六七年五月以来、武装闘争が激化していた武漢で、「百万雄師」と呼ばれる大衆組織が勢力を拡大し武漢軍区と手を組んで、造反派の本部や彼らが占拠していたビルを攻撃し衝突が深刻化していた。七月一四日、事態を沈静化するために武漢入りした周恩来は、重慶から当地に入った謝富治《しゃふじ》、王力らと合流した。少し遅れて毛沢東自身も密かに武漢入りしていた。「保守組織」と批判された百万雄師は激しく怒り、七月一九日から二二日の四日間にわたって武装反撃に出て、抗議デモを強行した。二〇日には謝富治、王力が監禁され、事態は極度に混迷したが、周恩来の工作によって謝、王は何とか救出され、事態は収拾に向かった。これが「武漢事件」である。しかし、その後、林彪系の軍隊の威嚇により、毛沢東思想宣伝隊、労働者などを巻き込み大混乱に陥り、武漢では死者六〇〇人、負傷者六万六〇〇〇人、湖北省全土で一八万四〇〇〇人もの死傷者を出す大事件となった。

「省無連運動」は、コミューンの建設にこだわり「文革理念」の実現に奔走した若者たちの「異議申し立て」の叫びであった。六八年一月「省無連」(正式には湖南省無産階級革命派大連合委員会)の発表した宣言文「中国は何処へ行く」は彼らの率直な心情を吐露している。「毛主席は英明に天才的にわれわれの国家機構に極めて新しい形勢――パリ・コミューンに似た機構――が現れるであろうことを予言した。……毛主席はまた〝中華コミューン〟の名称を提起した。……何故コミューンを極力主張しながら毛沢東同志は突然一月に〝上海コミューン〟の樹立に反対したのだろうか。これは革命人民に理解できないところである。……広範な革命人民の勝利、新官僚ブルジョア階級の滅亡はどちらも避けることができない。革命委員会が転覆され、〝中華コミューン〟が誕生するという世界の歴史を震撼させる革命人民の盛大な祝日は必ずやってくる」と力説した(竹内実編『ドキュメント現代史 文化大革命』)。しかし、そのような「祝日」は遠い幻の中に消えていった。

恐怖と猜疑の渦　毛の「理念」に共鳴し身を捧げんとした青年たちの運動は、確かに一定の成果を上げている。上述の「差別の構造」の矛盾を大胆に暴き出したこと、不可侵であった党・政府官僚の権威主義に強いダメージを与えたことなどがそれである。元紅衛兵リーダーの一人、張承志《ちょうしょうし》は「今から振りかえっても六六年秋の運動は否定されるべきではない。人々の差別を許さず、特権階級の勢力拡大を許さず、いかなる人の政治的権利の圧迫も許さない。……それが全民衆の大きなうねりに発展していけないという道理はなかろう」と文革の積極的意義の面を指摘している(『紅衛兵の時代』)。しかしながら彼らはやがて冷酷な政治闘争の渦の中で、毛自身によって葬り去られたのである。

無数の紅衛兵、労働者、農民たちを巻き込んだ文革は、従来の党や政府の組織・機能を麻痺させただけでなく、多くの家庭や職場を大混乱に陥れた。人々は誰もが「反革命」のレッテルを貼られるのではないか、誰かに「裏切られる」のではないかとの恐怖と猜疑心にかられ始めた。こうした極度の不安の中で、狂信的に毛沢東を崇めることのみが「救いの道」であるかのような雰囲気が生まれた。忠誠心を体で表わす「忠の字踊り」など、毛沢東礼賛、極端な個人崇拝、毛の神格化が加速した。そして従来の人間関係は、家族においてさえもずたずたに引き裂かれた。党・政府の幹部から一般庶民に至る様々な人々が肉体的にも精神的にも深く傷ついた。こうした人たちにはもはや社会の混乱を回復させようとする気力も体力も残されていなかった。したがって、混沌の状況の中で社会を安定化に向かわせ、権力機構の再建に取り組める人々は限られていた。基本的に組織を温存させていた軍隊がそれであった。

6　国際危機意識の高まりと秩序の回復

国際危機意識は文革を発動し、加速させる過程での強力な触媒要因であった。しかし、文革の混乱を強引に秩序化に向かわせる過程でも、それがキーワードであったことに気づく。すなわち中ソ対立、泥沼化の様相を呈するベトナム戦争への対応は

孤立する中国

社会主義陣営内のみならず、アジア・アフリカの国々で中国の孤立化を加速させた。

例えば六六年三月、長年の盟友であった日本共産党との関係が、ソ連評価・ベトナム支援方式・平和的社会主義への移行などをめぐって決裂した。九月、ソ連は中国の大使館を事実上引き上げ、さらにベトナム共同支援をめぐって中国を強く非難した。社会主義諸国の中ではアルバニアを除く大半の国々が反中国の立場を鮮明にした。アジアでもっとも親密であったインドネシアとは六五年の「九・三〇事件」以後、国交断絶の状態となった。インド、タイ、マレーシア、ビルマ、フィリピンなどでも政府との正常な関係が崩れ、中国はこれらの国内反政府ゲリラを支援するといった不安定な緊張状況となった。米国は五〇万人の軍を投入しベトナム戦争は激化した。やがて事態は膠着状況に入ったものの、中国の期待したほどには世界の反米闘争は盛り上がらなかった。こうした文脈の中で、前述した六七年六月の「水爆実験」と九月の

「世界革命の中心」という毛演説を見るとき、表向き極めて「強硬」でありながらも、内面的な心理の中に毛の強烈な孤立感、危機感を読み取ることができるのである。

「国内の主要敵は打倒したが、国際的な対決は一段と厳しい。コミューン権力の樹立は先送りにしていち早く体制を立て直し、外に備えなければならない」。毛がこう考えても不思議ではなかった。六七年一月三一日の黒龍江省の革命委員会の設立以降、「革命的な」幹部、軍人、大衆の「三結合」による省レベルの権力機構再建は急ピッチで進んだ。二月の山東、貴州、上海、三月の山西、四月の北京、八月の青海などと続き、翌六八年九月のチベットと新疆両自治区での革命委員会の成立を最後に、全国二九の一級行政区の権力機構は再建された。そしてこれらの革命委員会の主任(トップ)の内訳は、省軍区(第一)政治委員が一六名、副政治委員が一名、軍司令員が八名、副司令員が三名とすべて軍人であった。無論、革命委員会が成立したとはいえ直ちに社会が安定したわけではなく、なお各地で混乱は続いていた。政権の再建は、各地方軍区の介入によって強引に進められたと見てよいだろう。

権力機構の再建

チベット・新疆の革命委員会成立を待つかのように直ちに翌一〇月、中共八期十二中全会(拡大)が開かれた。そして劉少奇の「永久除名」、鄧小平の「留党監察」の他、譚震林、陳毅、李先念《りせんねん》、聶栄臻《じょうえいしん》、朱徳、陳雲らほとんどの党・軍の長老が批判され、林彪系、江青系の台頭が目立った。さらに中共第九回全国大会の準備が開始された。しかしこの会議は中央委員会とし

中共中央委員会構成の変化

	8回全国大会（1956年9月）	9回全国大会（1969年4月）
中央委員	97名	170名
候補委員	96名	109名
合計	193名	279名
文民	81%	55%
軍人	19%	45%
中央指導者	62%	33%
地方指導者	38%	67%

（出所）　天児慧『現代中国政治変動論序説』

ては異常なものであった。例えば八期の中央委員および中央委員候補計一九三名中、同会議に出席した人はわずか五〇名でしかなかった。したがって彼らだけでは開催に必要な定足数に達せず、第一日目に中央委員の補充を行い、ようやく過半数を超える五九名を確保できた。その他の参加者は中央文革小組、林彪系で固めた中央軍事委員会弁事組、各一級行政区革命委員会と大軍区の主要責任者など七四名であった。この緊急的な会議開催の背景にも国際要因が強く働いていた。ベトナム戦争の激化に加え、さらに六八年春以来、独自路線を歩み民主化に取り組んできたチェコスロバキアに、八月下旬、ソ連は軍を投入し力でこの動きを制圧した。いわゆるチェコ事件の発生である。ソ連は本気で中国にも軍事侵攻を決意するかもしれない、そうなれば「内乱」にうつつを抜かしている場合ではない、と中国当局が考えても不思議ではないだろう。ソ連との紛争は翌六九年三月、黒龍江省国境沿いに流れるウスリー江の珍宝島で激しい中ソ武力衝突が発生し、一挙に現実のものとなった。

文革の節目の大会

六九年四月、一三年ぶりに中共第九回全国大会が開かれた。この大会は「文革の勝利の大会」と位置付けられ、中央文革小組の活動も停止し、文革終息の節目となった。しかし、三年に及ぶ「大動乱」で破壊された党委員会の大半は依然十分に機能を回復しておらず、多くの指導幹部はなお拘禁、軟禁、隔離審査の状態に置かれていた。大会に出席した各地方、機関代表一五一二名は、規約にしたがって選出されたのではなく、毛沢東、林彪、江青らの指名によるものが大半であった。

「後継者」と党規約に明記された林彪と毛沢東(1969年4月). 写真提供：中国通信社.

新指導部の顔ぶれを見ると、九期の中央委員一七〇名、中央委員候補一〇九名のうち第八回全国大会から続いて選ばれたものは合わせてもわずか五三名(全体の約一九%)でしかなかった。また軍人の台頭がここでも顕著で、中央委員は七七名、同候補は五〇名で全体の四五%を超えるほどであった。他の期の中央委員に占める軍人の割合が二〇%前後——例えば十三期が一九%、十四期が二三%、十五期が二一%——であったことを考えるなら、この時期がいかに異常であったかが理解されよう。そしてこの大会で、林彪は「党規約」の中に「毛主席のもっとも親密な戦友であり、後継者」とまで明記されるほどに権勢を高めたのである。

文革はこれまで見てきたように、世界共産主義運動においてソ連に代わって先頭に立つという毛の野心的な挑戦、米国に加えて急速に増大したソ連の脅威に対する強烈な「危機感」を外円的な枠組みとし、国内に向けて極度の緊張を時には事実として、時には意図的に煽りながら、その中で毛の飽くなき「夢」の追求、政治的ライバルへの仮借なき打撃、建国後形成された社会的差別構造への反逆を利用することなどによって推し進められた。しかし中共第九回全国大会で見られる「到達点」は、搾取階級・反動階級を打倒し新たな思想・文化・風俗・習慣を創造した「人々の魂に触れる革命」(十六条)などでは到底なく、恐怖と猜疑心の中での極端なまでの個人崇拝と肥大化した軍事独裁、さらには社会の軍事化によって特徴付けられたのである。経済は六四、六五年と回復基調であったが、文革期に入って再び停滞、後退を余儀なくされた。例えば、食糧生産は二億一〇〇〇万トン前後で停滞していた。これに対して人口は大躍進期の反動もあって、六〇年代中頃より年率二・五％以上のペースで増加しており、一人あたりの供給食糧は減少の一途をたどっていた。しかも、毛体制を継承するはずであった林彪は、やがて毛沢東との亀裂を広げ、想像を超える隠微で熾烈な権力闘争を演じることになるのである。

第四章　曲折する近代化への転換

歴史的転換「米中接近」を演じたニクソン大統領を迎える周恩来総理(1972年2月)．写真提供：中国通信社．

1　謎の林彪事件

公表された「経緯」

前述したチェコ事件以降、ソ連はプラハへの侵攻を正当化するために「制限主権論」と呼ばれるブレジネフ・ドクトリンを発表した。それは社会主義共同体の利益防衛のために社会主義諸国の主権は時には制限されるというもので、中国流に言えば「内政干渉を正当化する」侵略的理論であった。そして中ソ武力衝突が起こった。今日どちらが仕掛けたかには論争があるが、いずれにせよそれ以来、中国にとって「ソ連の脅威」は一段と高まった。そしてその分だけ国内の引き締め、団結は強まっていったかに見えた。中共第九回全国大会以来、毛・林体制は確立し、強力な指導体制の下で毛の主張する「継続革命」、毛沢東型社会主義建設が進むものと見られた。

しかし、中国の政治はあまりにも予測を超えてドラスティックである。中共の公式的な解説にそって事件の概要を紹介するなら、「党規約」に「毛主席のもっとも親密な戦友であり、後継者」とまで明記された人物が、中共第九回全国大会のわずか一年後の一九七〇年八月、毛との関係を悪化させ、二年余り後の七一年九月には毛沢東暗殺クーデターを企てて失敗し、厳しく対立していたソ連へ空軍機で妻子とともに亡命を試み、モンゴル上空で墜落死したという事件が発生したのである。しかもこの「林彪事件」(「九・一三事件」とも言う)の経緯が正式な形で公表されたのは、さらに二年後の七三年八月、中共第十回全国大会での周恩来「政治報告」においてであった。しかし「後継者」とまで謳われた人物が、何故七七歳を超えた老政治家の暗殺を考えるまでになったのか、本当に林彪はモンゴルで墜落死したのかなどと疑問がわいてくる。林彪事件をめぐっては、妻子(葉群《ようぐん》と林立果《りんりつか》)の陰謀説、むしろ毛沢東が仕掛けたとする策謀説、周恩来と林彪の権力抗争説なども聞こえてくる。当時の関係者へのインタビュー、現地資料の掘り起こしをもとに林彪事件を論じた米国のジャーナリスト、ハリソン・ソールズベリーも、かなり説得力のある解釈をしているものの「林彪は毛沢東暗殺の陰謀を練ったのか。それとも林彪が自分を殺そうとする毛の陰謀に気がついたのか。この問いには誰も答えられないだろう」との結論を出している。ではどのような経緯があったのか？

林の策謀と毛の挑発

中共第九回全国大会直後の中央の権力構図は、神格化された毛の威光の傘に入り、権力確執を続けていた二つのグループ、すなわち林彪派(武闘派)と四人組派(文闘派)の提携によってその中枢が作られたといってよい。しかし両者は信頼関係によって結びついたというよりも、周恩来勢力や軍長老の隠然たる力に対し、ある種の政治的判断、取引によって連携していたと見るべきであろう。新中央政治局の構成からいっても軍を掌握していることからも林彪派が圧倒していたことは確かであった。七〇年夏に至る林彪派の動きを当時林彪の秘書であった張雲生《ちょううんせい》は次のように指摘している。「彼らは順調に来たため情勢を見誤り、自分の力を過大評価し、毛家湾(林彪の居住地)はいよいよ図に乗ったのである」。

七〇年三月、毛は憲法改正のための中央工作会議を招集し、劉少奇後空席になっていた「国家主席の廃止」を提案し、多数の出席者の賛同を得ていた。そして八―九月に中共九期二中全会がかの廬山で開かれた。林彪は、陳伯達らと共に「毛沢東天才論」「毛賛美」を声高く叫び、さらに「毛主席の偉大な指導者、国家元首、最高統帥者の地位を法律的に固めることは大変よい」として、国家主席の復活と毛がそれに就くことを提案したのである。流れから言って毛がそれを固辞し、結果として林彪が国家主席に就くとの筋書きが見え隠れしていた。しかし八月二五日、毛は急遽、政治局常務委員会拡大会議を招集し、林彪提案の討論停止、「天才論」の大合唱批判、そして陳伯達批判を行った。一一月には陳伯達指導下の中共中央宣伝部が改組され、「四人組」指導下に入った。そして以後、「批陳整風」運動が展開されたのである。

「批陳整風」は毛と林との間に亀裂を作ったが、猜疑心の強い林彪の性格と毛の挑発的な態度がこれをさらに広げた。七〇年一二月に訪中した旧友エドガー・スノーとの会談で毛は「天才論」の他に「四つの偉大」(林彪が提唱したもの)を批判している。さらに一二月から翌七一年一月にかけて毛が提唱し、周恩来が主宰した華北会議(中央工作会議)で、「批陳整風」の徹底化と北京軍区司令員に非林彪派の李徳生《りとくせい》の抜擢が決められた。続く四月にはもう一つの工作会議で、林彪派の黄永勝《こうえいしょう》、呉法憲《ごほうけん》、李作鵬《りさくほう》と林彪の妻・葉群までが政治路線の誤りと、組織面でのセクト主義を批判された。ほぼ同時期、林彪派の拠点の一つ中央軍事委員会弁事組に非林彪派の紀登奎《きとうけい》、張才千《ちょうさいせん》が送りこまれた。

こうした過程で林彪グループの焦燥感は高まった。七一年二月に息子・林立果(空軍作戦部副部長)を中心に毛暗殺のための武装クーデター計画「五七一《ウーチーイー》工程紀要」(五七一はクーデターを意味する武起義と同音)が上海で作成された。四月の毛・周による批判は林彪派の危機感を決定的なものにし、「五七一工程」の繰上げ実施を余儀なくさせ、林立果指導下の小分隊は密かに活動を開始した。

毛は八月中旬から九月にかけて専用列車で湖北、湖南、江西など南部を視察し、地方指導者との談話の中で、挑発するかのように「彼らには計画があり、組織があり、綱領がある。国家主席に就こうとする人は党を分裂させ、急いで奪権を企てている。……廬山事件はまだ終わっていない。陳伯達の背後にはまだ人がいる」と、あからさまな林彪批判を行っていたのである。

九月六日、武漢での毛の談話内容を北京で受けた林彪らはクーデター実行の決断を下し、上海あるいは蘇州付近で毛の暗殺、もしくは列車そのものの爆破を狙ったが、事前に察知した毛は裏をかいて北京に戻り計画を失敗に終わらせた。北戴河にいた林彪、葉群、林立果らはこの事態を知って山海関空港から空軍機で逃亡をもくろみ、一三日、モンゴルで墜落死した。以上が、幾つかの文献が語る林彪事件の概要である。

林彪の人となり

では、林彪はそもそもどのような人物であったのか。彼については謎の部分が多いが、中国国内で有名になったのは抗日戦争の時である。延安の抗日軍政大学校長の経験を持ち、前線でも目覚しい戦果を上げた生粋の軍人であった。国共内戦期においても第四野戦軍を率いて、東北地方あるいは中南地方において活躍した。戦場で負傷して以来、彼がアヘンを常用していたことはよく知られており、建国以後、精神的、肉体的に不安定な状態が続いていたと言われる。建国初期、病気療養ということでソ連の保養地にしばらく滞在したが、一説ではそれは朝鮮戦争で総指揮を執らされることを嫌い、あらかじめ北京を離れたのだとも言われる。

代わって彭徳懐が総司令官に任じられたのは既述した通りである。また高崗・饒漱石事件（第二章第1節）に際して、反劉少奇・周恩来連合を組むよう誘いをかけた東北の旧友・高崗らに対し、むしろ彼らを打撃する側に回り、鎮圧の功労者となってその後中央政治局入りを果たしている。彭徳懐失脚後代わって国防部長になった林彪は、大躍進の挫折という毛のもっとも苦しい時期に毛沢東思想を積極的に宣伝し、次第に毛の信任を勝ち得ていった。このような過程を見るならば、彼はただの職業軍人ではなく、権力への野心を十分に抱き、かつ機を見るにきわめて敏な人物であったと言えよう。

林・毛関係の実像

林彪事件の要因を考えると、上述の国家主席ポストをめぐる対立、「毛天才論」の政治的利用のみからでは信憑性に乏しい。これとほぼ並行して興味深いことに米中接近という衝撃的な外交路線の転換が起こっている(これについては次節で解説)。しかし、林彪の秘書・張雲生は「林彪は国際問題には玄人でもないし、熱心でもなかった」と指摘している。確かに七二年二月のニクソン大統領との会談で、毛沢東自身、林彪が米中接近に反対したことを暗示的に語ってはいる。が、この時期の林彪の言動とあわせて見ても、外交路線の相違をめぐって毛と権力の座をかけて決定的に対立しなければならない必然性は見えてこない。国内政策では両者の相違はより不鮮明である。そこであらためて要因を考えるならば、林彪と毛沢東の関係そのものが問われてくる。中共第九回全国大会で「党規約」に明記された「毛主席のもっとも親密な戦友であり、後継者」の表現は事実ではなかった。だとするならば敢えてそのように表現したのは林彪の要求を毛がのんだ極めて「政治的な処置」ということになる。

毛と林との関係を遡ってみるならば、古く革命戦争期の三〇年に毛は「林彪同志に宛てた手紙」の中で彼の情勢認識、政治主張を主観主義、悲観主義として厳しく批判している。もっともそのことで毛と林の関係が一貫して対立的であったと言おうとしているのではないが、毛が林を比較的さめた目で見ていた一例である。さらに文革発動間もない六六年七月に、毛は「江青に宛てた手紙」の中で林彪がクーデターについて語りすぎていること、自分の意思に反して(林彪の圧力で)『毛主席語録』が大々的に宣伝されすぎていることなど彼への不信感を吐露している。他方、林彪の毛に対する感情について張雲生は「私は文革前の林彪、葉群のノートを見る機会があった。五〇—六〇年代にすでに彼が毛主席に強い不満を持っていたことを知って驚きを禁じえなかった」と記している。彭徳懐事件以降、国防部長に抜擢され『毛語録』を発案し、毛思想を鼓吹していたまさにその時期にであった。これらから判断できることは、劉・鄧指導部を打倒するため毛は林彪を必要としたのであり、林彪は文革を何人かの後継者候補の中で自らが抜きん出る絶好のチャンスと捉え、毛への忠誠、崇拝のパフォーマンスを強めたのであろう。両者の関係は「きわめて政治的」だったのである。

そして文革が一段落したとき、中国自身が直面していた難題はまさに深刻であった。文革期を通して社会は大混乱に陥り、生産は大きな打撃を受けたにもかかわらず、人口は増加の一途をたどり、食の問題がそれまで以上に緊急課題になった。毛への強い忠誠心を前提とし、経済、生産の回復を取り仕切る指導者が求められ始めた。同時に国際関係においてはソ連の脅威に如何に対処するかあらためて問われることとなった。軍人でありプロパガンディストでしかない林彪の利用価値は急速に低下していった。林彪派の野心が見え隠れするようになった中で、毛が敢えて「林彪追い落とし」に踏み切ったと見られなくもない。九月一三日に林彪の国外逃亡の知らせを周恩来から受けた毛は、してやったりの笑みを浮かべながら「雨は降るものだし、娘は嫁に行くものだ。林彪が行きたいなら行かせればよい」と答えたという説もある。誤解を恐れず論じるなら、林彪事件とは革命路線や対外政策の亀裂を主因にしたものではなく、基本的には肥大化する林彪の権力とそれに反発を強めた毛の権力とが密室の中でぶつかり合った隠微で熾烈な権力闘争だったのである。「人々の魂に触れる革命」の虚構が崩れ、文革の核心的な部分の実態が露呈した一大事件でもあった。

2　外交路線の転換と近代化建設の提唱

米中接近の選択

「九・一三事件」後、際立って明らかになった事実は、周恩来が党と政府の日常工作を主宰するようになったことであった。そのことは林彪事件処理の過程で周恩来が極めて重要な役割を演じていたことを暗示していた。これと並行して周の果たした重要な役割の一つとして国際路線の大転換、すなわち米中接近の選択があった。話を少し遡ってみよう。一九六九年一月に就任したニクソン米大統領は、キッシンジャー大統領補佐官と共に、泥沼化したベトナム戦争からの「名誉ある撤退」を真剣に模索し始めた。同時に強大化

する ソ連の軍事的プレゼンスを前に、冷戦枠組みの再編成が必要と認識するようになり、中ソの亀裂にその糸口を見るようになっていた。

『キッシンジャー秘録』によると、ニクソンが対中接近の動きをとり始めたのは六九年八月、ヤヒア・カーン・パキスタン大統領と会見した時とのことである。そして七〇年一月、具体的な行動としてワルシャワでの米中大使級会談が二年ぶりに再開された。これは五月ベトナムでの米軍の軍事攻勢拡大に対する非難の意味をこめて再中止となったが、その後はむしろ中国の方から水面下での接近のメッセージが送られている。中国は、同年一〇月にはカナダ、一一月にはイタリアと国交を樹立し、西側との関係正常化に取り組み始めた。同一一月、訪中したヤヒア・カーン大統領との会談の中で周恩来は、毛主席、林彪副主席、自分の意見として「ニクソン大統領の特使の北京訪問は大いに歓迎されよう」と語った。上述の中共九期二中全会直後のことである。さらに一二月に訪中したエドガー・スノーとの会談で、毛沢東は「現在の米中関係はニクソン大統領と共に解決しなければならない。……旅行者としてでも大統領としてでもニクソン氏と喜んで話し合うつもりだ」と語っている(スノー『革命、そして革命……』)。

さらに七一年に入って米中関係突破の重大な転換を迎えた。まず四月に中国は名古屋での世界卓球選手権大会終了後、米国チームを北京に招待した。しかし依然として表向き続く強烈な「米帝国主義、頭目ニクソン非難」キャンペーンからすれば、いわゆるピンポン外交と呼ばれる「人民との友好外交」の一環にすぎないものとの認識が一般的であった。しかし事態は水面下で大きく動いていた。七月、秘密裏にパキスタン経由で北京入りしたキッシンジャーは周恩来と会談を行い、翌七二年の早い時期にニクソン大統領が訪中することで合意した。七月一五日、この計画が米中の当局から突如として世界に流された。まさに「ニクソン・ショック」と呼ばれるほどの衝撃であった。それからわずか三カ月後の一〇月、今度は国連の場で六一年以来、日米を中心に台湾政府の国連の議席を守るために提出されてきた「逆重要事項指定方式」が否決され、中華人民共和国を中国代表として国連に迎える「アルバニア案」が賛成多数で通過した。これに呼応し中国政府は直ちに国連参加の意思を表明した。中国が国際社会をどのように表現していたとしても、実際には一つの国民国家として既存の国際秩序の象徴的な枠組み＝国連に参入する意思を示したということであった。

ニクソン訪中

中国の国際路線の変化は、次いで七二年二月のニクソン訪中によって衝撃的に、より鮮明になった。七〇年代の中国の対外路線は米帝国主義とソ連社会帝国主義の二つの覇権主義に反対したこととよく言われるが、それをいくら声高に叫んでも、実質的には米中関係は急速に改善し、ソ連との敵対関係が強まっていったのであり、その起点がこのニクソン訪中であった。米中共同コミュニケ(上海コミュニケ)は以下の点を強調した。①体制間の相違を相互に認め、それを超えて「平和共存五原則」に基づき国際問題および二国間問題を処理する、②米中ともアジアで覇権を求めず、覇権主義に反対する、③「中国は一つであり、台湾は中国の一部である」との中国の主張を米側が認識したこと、④米中の関係正常化はアジアと世界の緊張緩和に貢献する、といった点である。もちろん、これらの表現の裏側に米中ともソ連を強く意識した戦略的な発想があったことは言うまでもない。が、それにとどまらず中国の西側諸国との平和共存路線への転換という意味合いも見逃すことはできない。

事実、ニクソン訪中の約半年後の九月、それまで親台湾路線を採り続けていた自民党政権下の日本との間で国交正常化が実現された。最大の懸案事項は、中華民国との国交回復、平和条約締結の扱いを含めた「戦争終結問題」「台湾問題」の処理であった。ここで中国側は高度な政治判断によって対日賠償請求の放棄を宣言し、これに対して日本側は中華人民共和国が中国を代表する唯一の合法政府であると承認した日中共同声明を発表し、台湾との国交を断絶した。さらに大平正芳外相は記者会見で、「不正常な状態が終了した」と事実上の「戦争の終結」を宣言した。

続いて中国は翌一〇月に、西ドイツと国交を樹立した。その後、ベルギー、オーストリアなど西欧諸国が続き、英国とオランダはこれまでの代理大使級から大使級の外交関係に昇格した。こうした国家間の正常化と並行して、西側との経済交流も活発化している。例えば、七二年一二月には日中プラント契約成立、七三年八月には日中貿易協定交渉が始まった。またEC(ヨーロッパ共同体)とも七三年から貿易協定の交渉が始まり、七五年に正式の関係を樹立したのである。

対ソ戦略と「近代化」

こうした事実を踏まえながら、なぜ中国が米中接近の道を選択したのかを考えてみる必要がある。上でも指摘したように、米中接近を決定した最大の要因は対ソ戦略から来るものであった。毛はソ連を「修正主義」から「社会帝国主義」に変質した、世界でもっとも危険な存在と見なすようになった。そして「敵の敵は味方」というきわめて強いパワー・ゲーム的発想から、これまで最大の「敵」であった米国と協調的関係をとるようになったのである。七〇年代の中国外交の特色は、反覇権主義国際統一戦線の最優先であったが、ここでいう「覇権主義」とは事実上ソ連を指すようになった。日中共同声明でも「覇権主義反対」が明記され、中国の反ソ戦略に日本自身も否応なく巻き込まれていった。しかし、米中接近、他の西側諸国との関係改善、国連での活動など一連の動きを眺めるならば、この時の中国の選択をたんに反ソ戦略のみから見ることは一面的であろう。

林彪事件の直後から翌七二年にかけて周恩来は、全国計画工作会議、衛生工作会議などを次々と開催し、林彪・「四人組」グループによって破壊された経済、文化、教育、科学技術の立て直しを呼びかけている。さらに日中国交正常化直前の日本経済人訪中団との会談の中で、日本の経済発展における先進技術の積極的導入を評価し、中国もこれに学びたいとの意思を表明していた。そして日本、西ドイツとの関係正常化直後に、製鉄関係のプラント導入に調印した。これらを見ていくならば、早くもこの時期に、近代化建設にかける周恩来の強い意志が働いていたことを見逃すわけにはいかないのである。

次に触れる「四人組」との厳しい確執はあったものの、周恩来は七三年の中共第十回全国大会を主宰し、林彪事件の決着をつけ、さらには鄧小平の復活を果たし、七五年一月に一一年ぶりの第四期全人代第一回会議を開催した。ここで周は「政府報告」を行い、その中で「今世紀内に農業、工業、国防、科学技術の全面的な近代化を実現し、わが国の国民経済を世界の前列に立たせる」とのいわゆる「四つの近代化」の提唱を行った。これに近似した提唱は既に五六年の中共第八回全国大会における劉少奇の「政治報告」、六四年の第三期全人代第一回会議での周恩来の「政府活動報告」に見られ、建国以来の指導者たちの重要な目標であった。しかし、それらは大躍進、文革の嵐の前に吹き飛ばされていた。今回の周恩来の提唱も、難関を迎えることになるが、今日につながる歴史の流れから見て重大な第一歩であったと言えるだろう。

3　周恩来・鄧小平対「四人組」

一九七二年四月、「人民日報」に「前の過ちを後の戒めとし、病を治して人を救う」と題する社説が発表された。この言葉は毛沢東が好んで使ったもので、社説では「九〇％以上の幹部は良いか比較的良い人物」とされた。八月一日の建軍記念日には葉剣英《ようけんえい》が講話をし、陳雲、王震、陳再道《ちんさいどう》ら失脚幹部が久々に公の場に姿を現した。周はこうした幹部政策と同時に、行政や経済の立て直しに奔走していた。しかし、このとき既にガンが彼の身体を蝕んでいた。病床に伏す時間の多くなった周に代わって日常工作を取り仕切る人物として、鄧小平の存在が再び浮上してきた。毛沢東と周恩来の合意のもとに、七三年三月この「実権派ナンバー2」の人物は国務院副総理の職務を回復し、さらに一二月の中共中央政治局会議で中央軍事委員会委員、政治局員に返り咲いた。そして、周が入院を余儀なくされた七四年後半以降は、一〇月に第一副総理に就任して国務院を取り仕切り、七五年一月には党副主席、政治局常務委員、中央軍事委員会副主席兼総参謀長に任命され、周恩来後継者の第一候補に躍り出た。

鄧小平の復活

復活後の鄧小平の活躍は大胆であり華やかであった。「四人組」の強い不満を受けながらも、七四年四月に国連資源特別総会に中国代表団長として出席した。ここで彼は世界を米ソ覇権主義超大国の第一世界、経済的に遅れているが政治的には反帝、民族解放の先頭に立ち、第一世界の覇権に果敢に対抗しているアジア・アフリカ・中南米といった第三世界、その中間にある西欧・日本・東欧諸国など第二世界の三つのグループに分け、中国を社会主義・発展途上の大国で第三世界の一員と自己規定した、いわゆる「三つの世界論」を演説した。内容的には既に毛沢東によって語られたもので、毛の代弁者を見事に演じ、まさに対外的にも鄧が脚光を浴びた舞台となった。また中共中央の日常工作を主宰するようになった七五年初めからは、党組織、工業、農業、軍、教育などの全面整頓(立て直し)を積極的に呼びかけるようになった。

鄧の発言は大胆である。例えば、七五年八月、工業全般の指導方針をまとめた、いわゆる「工業二十条」では、六〇年代前半に彼の指導下で作成され、文革期に批判された「工業七十条」を「基本的には良いものである」と断じている。さらに自力更生路線が重視される中で「外国の先進技術、新設備を取り入れ、輸出入の拡大を重視しなければならない」との発言を行っている(『鄧小平文選』第二巻)。

「四人組」の勢力拡大

周恩来・鄧小平のこうした「脱文革」、整頓・建設路線は、無論、様々な障害に出くわした。確かに林彪グループは一掃されたが、毛の推進する文革路線は堅持されたままであり、それをもっとも理念的に継承しようとする江青ら「四人組」グループは、林彪事件以降勢力を拡大し、中共第十回全国大会では王洪文が党副主席、張春橋が政治局常務委員、江青と姚文元が政治局員に、彼らの後見人的存在の康生も党副主席になった。しかも新たな政治局員二一名のうち、周恩来の協力者と呼べる人物は葉剣英一人しかいなかった。まさに薄氷を踏むような政権運営であった。「四人組」は何かにつけて周・鄧に対抗し双方が拮抗する形で事態が推移することとなった。七三年一―三月の全国計画工作会議では、周の意向を受けて国家計画委員会が作成した「統一計画の堅持と経済管理の強化について」(経済工作十条)が、張春橋の反対を受けて撤回された。さらに中共第十回全国大会での周恩来の「政治報告」も草案は「四人組」を中心に作成され、「第九回大会の政治路線、組織路線は正しかった」「プロレタリア独裁下での継続革命を推進する」といった文革継承が強調された。さらに王洪文が「党規約改正報告」を行っており、両者は相譲らなかった。

こうした周恩来と「四人組」の暗闘の背後に毛沢東の存在があったことは言うまでもない。毛と周との間には長年にわたって阿吽《あうん》の提携と同時に隠微な確執があった。周は一九三五年以前には党内主流派にあり、その地位は毛よりも上であった。しかし三五年一月の中共中央政治局拡大会議(遵義会議)では、毛沢東を支持する周の最後の発言が毛の権力掌握に決定的役割を果たした。それ以来、革命家で急進的な毛沢東の傍に、調整役・建設者で穏健な周恩来がぴったりと寄り添っていたのである。鄧小平の復活に関して両者は提携した。しかし他方で七三年七月、毛は周の影響力の強い外交部を「大事を討論せず小事ばかり送ってくる」と批判している。また同年三月以来、毛はたびたび「孔子批判」を提起しているが、それはやがて「四人組」主導で取り組まれた「批林批孔」運動――実質上の周恩来批判――につながるのである。

七五年三月には姚文元の「林彪反党集団の社会的基礎について」が、四月には張春橋の「ブルジョア階級に対する全面的独裁について」が発表された。これらは読み方一つで周・鄧批判にもなり得るものであった。例えば前者は「経験主義が当面の主要な危険である」と強調しているが、周及び復活した古参幹部を指しているともとれた。後者では現段階の生産関係では資本主義は自然に再生産されるもので、ブルジョア階級への全面的独裁、すなわち政治闘争こそ最優先されるべきであるとしており、組織、経済などの整頓と「四つの近代化」を優先する周・鄧の主張と対照をなした。

鄧小平が標的に

鄧小平が周に代わって日常工作を仕切るようになると、「四人組」の批判の標的は彼に移っていった。七五年八月には毛沢東が北京大学の一教師を前に古典小説の水滸伝について語り、「これはたんに反貪官《はんたんかん》、反皇帝ではない。宋江《そうこう》は投降し修正主義を行い、晁蓋《ちょうがい》の建てた聚義庁《しゅうぎちょう》を忠義堂に改めた」と評論した。「四人組」はこれを受けて、「水滸伝批判」のキャンペーンを展開するようになり、宋江＝投降派＝革命の裏切り者、現代の宋江＝文革を否定する投降派というロジックで暗に鄧小平へ攻撃が向けられたのである。

「四人組」グループ対周・鄧グループの対立が党内で表面化したのは、七五年九－一〇月の「農業は大寨に学ぶ」全国会議の頃であった。ここで鄧小平が「農業の立ち遅れが国家建設にブレーキをかけている。人民公社の整頓と農業機械化が必要だ」と説いた。これに対して江青は農村における資本主義復活の危険性を訴え、さらに「宋江は晁蓋を棚上げにした。現在主席を棚上げにする者はいないだろうか？　私の見たところいる」と、周・鄧に鋭く矛先を向けたのである。

「四人組」の攻勢は毛沢東をも動かし始めた。ほぼ同じ時期、「四人組」グループの一人で毛の甥にあたる毛遠新《もうえんしん》は数度にわたって毛沢東に鄧批判を行っている。「鄧小平同志の講話では文革の評価が大変少なく、劉少奇修正主義路線の批判も大変少ない」「よこしまな風を感じる。……中央が心配だ。復活が出現するのではないか」など。毛沢東は毛遠新の言葉に同意した。一一月下旬、中共中央は事前通達会議を開き、毛が検閲・承認した「講話の要点」を発表した。そこには「党の方針は当面する二つの階級、二つの路線闘争の反映であり、右からの巻き返しである」と記述されていた（『中国共産党執政四十年』）。周恩来の病状が急速に悪化している最中のことで、鄧は深刻な打撃を受け、ついに大半の指導的工作からはずされることとなった。そして、七六年一月八日、「不倒翁《ふとうおう》」と呼ばれ民衆から親しまれてきた周恩来が死去した。しかも一月一五日、周恩来の追悼大会が開かれ、そこで弔辞を述べた鄧小平はその直後、権力の座から引きずり降ろされ、再び人々の前から姿を消したのである。

4　第一次天安門事件と毛沢東の死

華国鋒、総理代行に

周恩来の死は国務院総理と党副主席のポストをめぐる権力闘争を引き起こした。勢いを増した「四人組」がこれらのポストを占めるかに思われたが、事態はそのように推移しなかった。中共政治局会議は一月下旬、毛の意を受けて華国鋒《かこくほう》を総理代行に任命した。当時彼は副総理兼公安部長であったが、中共第十回全国大会時の党内序列は一三位で中央の活動歴も人脈もさほどではなく、人々は意外な人事と受け止めた。華は二月五日の省市自治区および大軍区責任者会議で「当面立派にやらねばならないことは鄧小平批判、すなわち修正主義批判である」と「四人組」らと歩調を合わせた。鄧指導下で作成された基本政策の「全党全国の諸工作の総綱について」「科学院工作彙報」「工業二十条」が「三つの大毒草」とされ、鄧小平は「悔い改めない走資派」とのレッテルが貼られ批鄧運動が本格化したのである。

周恩来追悼の動き

しかし七五年来、鄧の指導下で「全面整頓」が進められ、経済状況は恒常的停滞から急速な回復を示し始めていた。鄧のリーダーシップに対する人々の期待が高まっていただけに、彼の失脚が誰の目にも明らかになっていくにつれて、庶民の不安感は強くなっていった。鄧小平批判キャンペーンが本格化する中で、こうした中央の動きに反発し、「四人組」に抗議する庶民の動きが台頭してきた。三月下旬、南京で「周総理擁護、張春橋打倒！」といったスローガンが貼り出され不満が表出した。やがて天安門広場の人民英雄記念碑の前に多数の人々が集まり、周総理を偲び、献花をしスローガンを掲げ、詩を朗読したり演説をし、周恩来を称えた。事態は四月四日の清明節に最高潮に達した。三〇万人とも五〇万人ともいわれる民衆が、当局の警告を無視して続々と広場に集結し、周恩来を追悼するとともに「四人組」を暗に批判する詩などを貼り出した。「九霄《きゅうしょう》〔高き空〕に登りて壊さん天の橋〔張春橋〕、清江〔江青〕に潜りて捕らえん河の妖〔姚文元〕」といったごとき詩である。

　事態を重視した中共中央は、四月四日夜に緊急の中央政治局会議を開き、「中央を攻撃した者が大変多い」「これは一つの計画的な行動であり、……鄧小平が時間をかけて準備してきたものであり、……反革命事件である」と断じた。四日の夜半から五日にかけて、人民英雄記念碑の周辺を埋め尽くしていた花輪や大字報、横断幕などは完全に撤去され、一万の民兵と三〇〇〇の武装警察を動員し、民衆の抗議行動を封じこめた。当時「反革命」とされたこの事件は華国鋒体制下の七八年一一月、「四人組」に対する「民衆の革命的行動」と逆転評価された。これが一九八九年の事件（第五章第6節）と区別する意味で「第一次天安門事件」、別称「四・五運動」と呼ばれるものである。それは建国以来初めての、共産党政治に対する民衆の自発的で大規模な「異議申し立て」行為であった。四月七日の中央政治局会議は、毛沢東の提案にもとづいてさらに二つの決定、すなわち①華国鋒の党第一副主席兼国務院総理への就任、②鄧小平の党内外の全職務の解任と「留党監察」の決定を下した。

これによって後継者争いでは華国鋒が一歩も二歩もリードし、政争は一見落着したかに見えたが、社会の混乱はますます激しさの度を加えた。人々は不安なまま鄧小平批判運動に駆り出され、毛は五月二七日以来、健康悪化の理由で公の前に姿を現さなくなった。

朱徳・毛沢東の死

七月六日、周の死に続いてもう一人の革命元勲、人民解放軍の創設者、朱徳将軍がこの世を去った。七月二八日、自然界にも大異変が発生した。河北にある工業都市・唐山をマグニチュード七・八の大地震が襲い、死者二四万二〇〇〇人(当時一説では死者六〇万人)、重傷者一六万四〇〇〇人といわれる大惨事となった。それは経済・社会に打撃を与えただけでなく、人々に多大な心理的不安を与えた。そして約一ヵ月後の九月九日午前零時、巨星・毛沢東が八二年の生涯を閉じたのである。その日の午後三時、中共中央・全人代常務委員会・国務院・中央軍事委員会は毛沢東の死を全国、全世界に伝えた。これを聞いた人々の中には「驚愕する者あり、打ち沈む者あり、平然とする者あり、心高ぶらせる者あり」であった(厳家祺・高皋『文化大革命十年史』下)。建国以来、中国をリードし多くの人々を良くも悪くも翻弄し続けてきた指導者の突然の死は、不可避的に巨大な変動の始まりを暗示していたのである。

「四人組」の逮捕

あにはからんや、毛の死は中央における権力闘争を一段と激しいものとした。「四人組」は江青の党主席ポスト獲得をはじめ積極的に巻き返しを図った。しかし、これを阻止しようとする「反四人組連合」が急速に形成された。華国鋒ら文革派穏健グループ、李先念ら周恩来系の中間派官僚グループ、王震ら復活幹部グループ、葉剣英ら軍長老グループの連合である。この中で葉剣英が華国鋒の後ろ盾(後見人)的役割を担った。毛の死後一週間目にあたる九月一六日、「人民日報」は「毛主席は永遠にわれわれの心の中にある」と題する社説を発表した。ここでは文革路線の継承とそれにふさわしい後継者を定めることが提起され、「既定方針に従って行動せよ」と呼びかけられた。「既定方針」は「四人組」からのシグナル・キーワードであった。江青流の言い回しをすれば、「華同志については、毛主席が彼を副主席には指名したが、党主席に就くことを提案しなかったことがポイント」であった(「中共中央文件一九七六年二四号」)。これに対して「反四人組連合」は、マルクス主義、団結、公明正大が

毛の死後，指導者となった華国鋒と後見人の葉剣英(1976 年)．写真提供：中国通信社．

必要で、修正主義、分裂、陰謀奸計はいらないという「三要三不要」をキーワードとした。これは七五年五月に毛が政治局で「江青には野心がある」と言って諫めた時に用いた言葉といわれる。

一〇月四日、「光明日報」に梁效《りょうこう》(「四人組」グループのペンネーム)論文「永遠に毛主席の既定方針に従って実践しよう」が掲載された。これを「四人組」の攻勢間近と受け止めた「反四人組連合」は、一〇月六日、先手を打って反撃に出た。まず中南海で王洪文、張春橋を逮捕、江青、毛遠新らを自宅で逮捕、わずか小一時間で一挙に彼らを権力の座から引きずり降ろした。ここでのキーパーソンは、長く毛のボディガードを務めた中央弁公庁主任で、中南海の情報を一手に握っていた汪東興《おうとうこう》であった。彼はその功績により党副主席のポストを勝ち得た。翌七日、中共中央は華国鋒の党主席・党中央軍事委員会主席の就任決定を発表した。間もなく「四人組」の逮捕・失脚のニュースが広がり、巷は歓喜に溢れたと言われる。確かに「四人組」は党内外において基盤が弱く反発を買っていた。彼らは、既述したように、「毛の夢・理念」をもっとも純粋に継承していたということも事実であろう。しかしまさにそのことから、もはや民意は「四人組」の失脚とともに毛から徐々に離れ始めていたのであった。革命的スローガンは幹部にとっても民衆にとっても「うんざりする」、疲労感を与えるものでしかなかった。

5 「過渡期」としての華国鋒体制と鄧小平の再復活

華国鋒の課題

急速に台頭した華国鋒は、これまでの国務院総理に加えて党主席、党中央軍事委員会主席に就任し、党・行政・軍の三権を独占する指導者となった。毛沢東さえも三権を独占したことはなく、形の上では毛以上の突出した指導者となった。その上彼は当時五六歳で指導者としては若く、徐々に権力基盤を固めることができたなら「華国鋒時代」の到来も可能であった。しかし華のリーダーシップは、脆弱な連合の下に形成されたものであった。と同時に二つの矛盾した課題が同時に課せられていた。一つは毛沢東路線の継承である。前述した「四人組」のクーデター的な追い落としからも明らかなように、華は正式の手続きをへて権力の継承をしたわけではなく、その正統性は弱かった。ここで彼が依拠したのはもっぱら毛沢東が華に宛てた「あなたがやれば私は安心だ」との「遺言」であった。もっともその後、この表現自体は全く違った文脈の中で語られたもので、「遺言」と言えるものではないという指摘も出てきた。いずれにせよ当時は、毛沢東による彼への権力委譲が唯一の根拠であった。したがって彼は毛思想の忠実な実践者であらねばならず、そのため「二つの全て」と呼ばれる方針を提起した。すなわち①毛主席の行った決定は全て変えてはならない、②毛主席の下した指示には終始変わらず全て従う、という決定である。「階級闘争」「継続革命」「文革の成果」を依然として強調しなければならなかった。

しかし他方で、長期にわたる経済の停滞、疲弊が深刻化しており、鄧小平が取り組み始めていた再建に華自身のやり方で取り組まざるを得なかった。自ら主宰して開催した第二回の「農業は大寨に学ぶ」全国会議(七六年一二月)、「工業は大慶に学ぶ」全国会議(七七年四―五月)で、華自身が「全国人民は四人組を打倒した後、わが国の国民経済が急速に発展することを切に望んでいる」と演説し、工業、農業の再建に積極的に取り組むことを表明した。しかし革命継承と経済建設は、毛沢東と劉少奇の対立、「四人組」と鄧小平の対立が物語るように所詮「水と油」のごとく相容れないものであった。華は大胆に、もしくは無謀にもこの両者を同時に取り込んで推進しようとしたのである。

鄧小平書簡

この点とあわせてもう一つの難題が間もなく浮上した。鄧小平の再復活問題である。七六年一二月、中共中央は「四人組に反対して迫害を受けた全ての人の名誉の一律回復」を通達した。しかし、もし鄧小平が復活すれば権力基盤が未だ固まっていない華にとって、重大な脅威になる。上記の通達と同時に華は「毛主席、中共中央、文革に反対する者の名誉回復は断じて許されない」との決定を行い、鄧復活に強く釘をさした。七七年三月、中共は中央工作会議を開催した。ここで陳雲、王震らは天安門事件の名誉回復と鄧小平の職務復帰を提案したが、華はここでも「天安門事件は反革命」「文革路線は断固継承」「鄧小平批判・反右傾翻案風〔右からの巻き返し批判〕の推進」を強く訴えた。

しかし「四人組」失脚後の情勢は次第に鄧小平待望論を高めていった。こうした状況を注意深く観察しながら、鄧はしたたかな手を打ってきた。二度にわたり華へ書簡を送ったのである。第一回目は「四人組」逮捕直後で、華の党主席就任など一連の中央決定の支持を表明し、さらに「〔四人組逮捕の〕喜びのあまり華主席万歳、万万歳と叫んだ」との内容であったと伝えられる（寒山碧『鄧小平伝』）。これは直接効を奏さなかったが、第二回目（七七年四月一〇日）では、華主席の「英明・果敢な指導」を絶賛し、華主席を断固擁護すること、自己の誤りを虚心に認め反省していることを伝えた。これは党内の鄧待望論とマッチし、五月三日、中共中央はこの書簡を全党に配布し条件付きで党への復帰を認める決定を行った。そして七月、中共十期三中全会が開かれ、「四人組」の党からの永久追放、党内外の一切の職務の剥奪の他に、鄧小平の全職務の回復を全会一致で決定したのである。これによって鄧は中央政治局常務委員、党副主席、国務院副総理、中央軍事委員会副主席兼総参謀長に復帰し、一挙に華国鋒、葉剣英に次ぐナンバー3の地位を確保したのである。

華国鋒のジレンマ

鄧の本当の狙いはやはり華国鋒の追い落としであった。同じ十期三中全会で鄧は早速「毛思想を全面的かつ的確に理解しよう」と題する重要講話を行っているが、そこでは「個々の字句からだけで毛思想を理解してはならない」「実事求是《じつじきゅうぜ》（事実に基づいて真理を求めること）」がとくに重要だ」と力説している。これは読み方によっては華の唱えた「二つの全て」を皮肉ったものと見ることができる。続いて八月中旬、中共第十一回全国大会が招集された。ここでも華は依然として「プロレタリア独裁下の継続革命は偉大な思想」と毛路線を讃えた。しかし同時に、革命と建設の新たな段階に入ったとして「第一次文化大革命が勝利のうちに終結した」と宣言し、「四つの近代化」建設を掲げた。七八年二月、第五期全人代第一回会議が開かれたが、華は「政府活動報告」の中で、改めて「四つの近代化」「近代化された社会主義強国」の建設を呼びかけた。さらに同会議では「国民経済発展十カ年計画要綱」が採択された。それは八五年まで農業生産を年平均四－五％増、工業生産を一〇％増とし、鉄鋼基地、石油基地、石炭基地の建設など一二〇の大型プロジェクトを計画し、さらにそれらを先進的な外国技術や外資の積極的な導入によって実現しようとした野心的な経済建設構想であった。しかし、文革路線の継承と「四つの近代化」建設の提唱を同時に掲げることのジレンマ、すなわち政治重視と経済重視を両立させようとするジレンマに、華はやがて陥ることになるのである。

文革路線の継承については、反「四人組」キャンペーンおよび「四人組」の裁判、さらには党幹部や大衆の冤罪に対する名誉回復が続けば、自ずと「文革の見直し」「毛沢東評価」が迫られるようになり、その矢がいずれ文革の推進者の一人華国鋒自身にも向けられることは確実であった。ただし鄧はこれが極めて深刻な政治闘争を引き起こしかねないのを察知し、この問題はしばらく棚上げにしていた。そしてもう一つの問題である近代化がまず前面に押し出された。華の野心的な経済建設計画は、もともと極めて少ない外貨準備のためにあっという間に行き詰まった。しかも中国経済の現実に立脚しなかったため、先進技術の効率的な利用もままならず、大量の経済浪費を引き起こすこととなった。鄧小平、陳雲らは華の政策を大躍進の失敗をもじって「洋躍進」と批判した。

中国はベトナム戦争以後、親ソ政策に踏み込んだベトナムと関係を悪化させていたが、七九年二月についに中越戦争が勃発し、国民経済に多大な負担を強いることとなった。にもかかわらず表向きの「勝利」とは裏腹にさしたる成果を上げることがなかったため、ここでも最高政策決定者として華国鋒が批判の矢面に立たされた。

6　中共十一期三中全会

真理基準論争

一九七八年春以降、路線の転換に向けての具体的な動きが表面化していった。五月一〇日、中央党校(中共のもっとも権威ある幹部養成学校)は内部刊行物として「実践は真理を検証する唯一の基準である」と題する評論を掲載した。これは鄧の意図を汲んだ彼の右腕とも言うべき胡耀邦《こようほう》の指示によって出されたものであった。翌一一日に「光明日報」が、一二日には「人民日報」「解放軍報」および全国省級の地方紙がこれを転載し、「真理基準論争」が全国で繰り広げられることとなった。このポイントは「いかなる理論も絶えず実践からの検証を受けねばならない」ということで、華国鋒グループが金科玉条にしている「二つの全て」批判につながっていく性格の論争であった。華国鋒グループはその意図を察知してか消極的であり、華の基盤の湖南省などではこの論争は表面化しなかった。鄧はこの論争をバックアップする意味で、六月には全軍政治工作会議で、九月には地方幹部を前に重要講話を行っている。その特徴は、徹頭徹尾、毛沢東思想を擁護・支持しながら、その思想的核心を「実事求是」にあるとしている点であった。これは確かに毛自身が一九三〇年代から四〇年代初頭にかけての党内闘争において、主流の「ソ連留学生派」のマルクス・レーニン主義理論の「教条主義」傾向を批判する時の言い方――「マルクス・レーニン主義の核心は実事求是にある」――で、華国鋒グループはそれ自体を否定することはできなかった。「二つの全て」を教条主義と見なし、まさに「毛沢東の旗を掲げて、毛沢東派をたたく」という巧妙な手口であった。

「真理基準論争」は、やがて必然的に文革、第一次天安門事件の見直し、さらには毛沢東の相対化につながっていくのであるが、それは次章で見るように、華国鋒追い落としのプロセスと重なるものであった。真理基準論争は同時に、政治的に失脚していた多くの幹部の名誉回復・復活と思想の解放を促した。七七年から始まっていた名誉回復は、三年間で二九〇万人に達した。五七年の反右派闘争以来、右派分子とされていた人々、五五万人に対しても、そのレッテルがはがされ名誉回復がなされた。思想の解放では、七八年一〇月以降、北京その他の大都市で、天安門事件の名誉回復、民主化の要求、なかには毛沢東体制批判の壁新聞が貼り出されるようになった。各地で青年・学生などによって『北京の春』『探索』『四五論壇』など自主的な民間刊行物が出版されるようになり、北京西単の交差点にある掲示板は「民主の壁」と呼ばれるほど、こういった主張の壁新聞が溢れた。このような「北京の春」と呼ばれる下からの動きの中には、鄧小平待望論も含まれており、鄧はこの時期この運動を容認する態度をとった。

鄧体制への転換点

情勢が鄧小平有利に動き出す中で、鄧は政策路線の転換を求めた中共中央工作会議の開催を提案した。会議は七八年一一月一〇日から一二月一五日まで三六日間にわたり、省級・大軍区主要責任者、中央の党・政・軍主要責任者ら二一二名が参加して開かれた。華は開会の挨拶で、①農業生産発展問題、②七九、八〇年の国民経済計画案の検討と、③鄧小平が提案した工作重点移行の問題が重要議題であると発言し、③の問題はたんなる議題の一つであるかのような位置付けをした。しかし間もなく、陳雲が「工作重点移行の問題が鍵であり、このために文革中の「遺留」問題の解決、名誉回復が重要だ」と発言した。胡耀邦、万里、聶栄臻《じょうえいしん》らも支持し、一挙に鄧小平グループのペースとなった。

この会議と並行して、一一月一四日、中央政治局常務委員会の承認の下に北京市革命委員会が、第一次天安門事件を「完全な革命的行動」と逆転判決を下したが、これは事件直後、第一副主席に就き鄧小平批判運動を推進した華にとって、痛手であった。会議では、名誉回復と「四人組」に関する本格的な審査を開始することの他に、「二つの全て」が誤りであり、農業生産と国民経済計画に「左」の誤りがあったことなどが確認された上で、鄧小平の提案が承認された。鄧は会議の閉幕にあたり、思想の解放、民主の発揚、近代化への移行を強く訴えた。

中央工作会議に引き続いて、一二月一八日から二二日にかけて、「歴史的な転換」とも言われる中共十一期三中全会が開催された。会議は華国鋒が主宰したものの、内容的には中央工作会議の趣旨が完全に引き継がれ、「脱文革路線」を決定的なものとした。コミュニケは、大規模で嵐のような大衆的な階級闘争は終わり、今後は経済法則にのっとった経済建設とそれを保証する政治的安定の確立が重要であると力説した。さらに彭徳懐、陶鋳、薄一波、楊尚昆ら反毛沢東、反文革で失脚した指導者の名誉回復、七五年の鄧小平「全面整頓」路線の名誉回復、第一次天安門事件の逆転判決の追認などが決定され、さらに厳かに「党と国家の重点工作を近代化建設に移行する」と宣言されたのである。鄧小平指導体制の確立にはなおいくばくかの時間を必要としたが、確かに十一期三中全会の決定によって、建国以来、毛沢東およびその路線によって揺り動かされてきた中国は、新たな第一歩を踏み出すことになったのである。

第五章　改革開放路線と第二次天安門事件

中ソ和解を演出した鄧小平とゴルバチョフ(1989年5月).
写真提供:ロイター/アフロ.

1　鄧小平体制の確立と是々非々外交、台湾平和統一への転換

華国鋒の追い落とし

一九七八年の中共十一期三中全会は確かに重大な路線の転換点となった。しかし、華国鋒は依然として党・政・軍の三権のトップの座にあり、汪東興・呉徳《ごとく》ら華国鋒を支える指導部も健在であった。鄧小平が自らの体制を形成し固めていくプロセスを顧みるならば、そこには実に深慮遠謀とも言うべき戦略が練られ着々と布石が打たれ、慎重に彼らを追い詰めていった跡を見ることができる。

この過程で問題になる課題は、①路線・政策の転換、②華国鋒を支える指導部の解体、③華国鋒その人を権力の座から降ろすこと、であった。しかもこれを政治的な混乱なしにやり遂げなければならない。何故なら政治的な混乱は文革の後遺症を引きずる人々には耐え難いだけでなく、経済建設、生産活動を再び停滞させることになるからであった。そこで上記の三つの課題を一挙に実現させようとするのではなく、華国鋒もその必要性を認め政治的な混乱になりにくかった①から手をつけた。これは前章の最終節で解説した通りである。①に少し遅れる形で②の課題を準備し、七八年一一月の第一次天安門事件の逆転判決を突破口に華国鋒指導部の

弱体化、形骸化に取り組んだ。まず、同事件の責任を取らせる口実で呉徳を北京市革命委員会主任から解任した。また中共十一期三中全会では汪東興を中央弁公庁主任の職からはずした。それと同時に鄧は指導部の若返りが重要であると強調し、七九年に胡耀邦、趙紫陽《ちょうしよう》らを政治局員に抜擢した。さらに八〇年二月に中共十一期五中全会が開かれ、劉少奇の名誉回復を決定するとともに、汪東興が党副主席、紀登奎、呉徳、陳錫聯《ちんしゃくれん》が政治局員、国務院副総理などのポストからはずされ、鄧は「外堀を埋める」かのように華指導部の基盤を崩していった。代わって胡耀邦、趙紫陽を政治局常務委員に、万里を国務院副総理に指名するなど鄧小平指導体制の形成にむけて着々と足場を固めた。

そして最後は③の華国鋒本人の追い落としであった。これも一挙に打撃するのではなく「真綿で首を締める」がごとく追い詰めている。まず八〇年八月に中央政治局拡大会議と第五期全人代第三回会議が開かれ、性急な経済政策「洋躍進」や中越戦争の「失政」などが問題にされ、華は国務院総理を解任された。代わって趙紫陽がこのポストに就いた。さらに一二月には中共中央工作会議が開かれ、華国鋒の「誤り」が本格的に討議され、毛の晩年の左傾路線の継承と「二つの全て」がとくに問題とされた。これと並行して、八〇年一一月から八一年一月にかけて「林彪・四人組裁判」が実施され、文革の中核的な推進者である江青・張春橋・陳伯達らの罪状認定と死刑や懲役の判決が下された。それは文革において最大の敵とされた劉少奇の名誉回復に続く「文革否定」の決定的な第二弾であった。

八一年六月、中共十一期六中全会が開かれ、「建国以来の党の若干の歴史問題に関する決議」(歴史決議)が審議・採択された。その要点は文革と毛沢東の評価であった。文革は「毛主席が呼びかけ指導したもので、……党と国家と各民族人民に多大な災難をもたらした内乱である。……事実にもとづけば完全な誤りで、如何なる意味においても革命とか社会進歩ではなかった」と厳しく結論付けている。また毛沢東は「文革で重大な誤りを犯した」が、「彼の一生を見れば功績が第一で、誤りが第二である」と位置付けられた。そして華国鋒は、文革、毛沢東との関係から批判され、正式に党主席、党中央軍事委員会主席の座から降ろされ、党主席には胡耀邦が、軍事委員会主席には鄧小平自らが就任した。

鄧小平時代の幕開け

以上のような政治過程の締めくくりが、八二年九月の中共第十二回全国大会であった。ここでは胡耀邦が「政治報告」を行い、二〇世紀末までに八〇年の工農業生産総額の四倍増を実現し、人民の物質的精神的生活を「まずまずの状態(小康)」にすることを目標に掲げた。指導体制としては革命イメージを払拭し、集団指導体制を確立する意味から主席制を廃止、総書記制を導入し胡耀邦が改めて総書記に就いた。鄧はこれまでの政治経験と次代の指導者の育成から、自ら最高ポストに就くことを避けた。しかし彼が「最高実力者」であることは誰の目にも明らかで、胡耀邦および国務院総理の趙紫陽を左右に従えた「鄧胡趙トロイカ体制」とも呼ばれた。十二回大会はまさに「鄧小平時代の幕開け」でもあった。

そして胡耀邦の「政治報告」では、近代化の推進とともにさらに二つの重要な政策転換が提示された。もっともそれらは七〇年代末から幾度か中央指導者によって語られてきたものであるが、一つは対外路線の転換である。従来の中国外交の特徴は「準軍事的外交」であった。すなわち、革命的な急進外交であろうと平和共存的な穏健外交であろうと、基本的にはある「敵」を想定し、それに対抗するために重層的な統一戦線を形成するといった外交が基本であった。七九年二月の中越戦争への突入も基本的には「ソ連の東南アジアにおける影響力の阻止」であり、前年八月の日中平和友好条約締結でも、中国側がもっともこだわった部分はソ連を敵と想定した「覇権主義反対」の明記であった。

しかし、その後、近代化建設のために平和的な国際環境をより強く望むようになった。依然として外交の基本軸に「覇権主義反対」が主張され、八〇年四月には中ソ友好同盟相互援助条約が消滅し、ソ連との「冷たい関係」は続いていたのであるが、外交のウエートは次第に「世界平和擁護」「平和的国際環境の建設」に移っていった。八二年初め、ブレジネフ・ソ連書記長の中ソ関係改善のメッセージに中国側は「留意する」との反応を示し、反ソ一辺倒の姿勢が微妙な変化を見せ始めた。そして中共第十二回全国大会の「政治報告」では、中国外交の最大の特徴として「独立自主路線」とともに、「国と国との関係を処理するには平和共存五原則が最良の方式」との認識が強調された。すなわち、どの国とも特殊な関係を持たず、イデオロギーよりも「実事求是」を重視した全方位外交、そしてケース・バイ・ケースで問題の処理にあたる「是々非々外交」(岡部達味)を採ることが示されたのである。

「台湾同胞に告げる書」

もう一つの重要な政策転換は台湾政策であった。これも既に中共第十二回全国大会以前から始まっていた。七九年一月一日、全人代常務委員会の名で「台湾同胞に告げる書」が発表され、中共当局は従来の「武力解放」政策から「平和的統一」政策への転換を表明した。鄧は八〇年初めに重要講話を行い、その中で八〇年代に実現すべき三大任務の一つとして台湾・香港を含む「祖国の統一」を提起している。翌八一年九月、葉剣英全人代委員長は平和的統一のための「九項目提案」を行ったが、そこでは後に鄧小平の創造と言われる「一国二制度論」の原型的な内容が提起された。そして八二年の中共第十二回全国大会では、あらためて「祖国の統一」が力説されたのである。

上記の七九年の「台湾同胞に告げる書」は、いみじくも米中国交が正式に樹立した同じ日に発表されている。また八二年八月、中共第十二回全国大会の二週間前に米国の台湾向け武器輸出を漸次減少する「米中共同コミュニケ」が発表された。対台湾政策と対米政策が極めて密接に絡み合っていることを示したのである。台湾は米中の平和共存の選択によって冷戦期の「前線基地」的意味合いを失った。したがって中台当事者間の「話し合い」による解決の優先は、東アジアの安定を考慮すれば米国の望むところとなった。さらに、中国の改革開放路線の推進は、経済レベルの向上と同時に民主的政治体制への移行の期待感を米国に抱かせた。その上、中国は是々非々外交への転換を見せたものの、「ソ連の脅威」を依然完全に払拭したわけではなく、米国の対ソ戦略と歩調を合わせる割合は高まっていった。かくして八〇年代前半における中国の台湾政策は、米中双方にとって大いに希望が持たれた。しかし後述するように現実はそのようには展開しなかったのである。

2　農村と沿海地域から始まった改革開放

人民公社の解体へ

国内の農村に目を向けてみよう。農村では実は中共十一期三中全会以前から、密かに路線の転換が進んでいた。七五年以来、四川省の党第一書記に就任していた趙紫陽は、経営管理の下放(権限譲渡)、家庭副業の奨励などによって七七年の大豊作を勝ち取った。さらに七八年には自留地を大幅に拡大し、生産管理の作業組請負制(包産到組)を導入するなど、従来の人民公社下での共同経営・共同労働方式を緩める政策を採った。これによって文革の「重災区」と言われ、七六年には飢饉にさえ見舞われた四川の農業生産を飛躍的に発展させることができた。これを後に「四川の経験」と呼ぶようになる。同じ頃、安徽省でも鳳陽《ほうよう》県、滁《じょ》県など幾つかの人民公社で、村の幹部たちが密かに生産隊の土地を各農家に請負わせ、農民の生産意欲を高め増産に成功していた。同省の党第一書記であった万里は「省委六条」を作成し、これを容認したため農家生産請負制は同地で一挙に広まり、従来の万年赤字状況を黒字に転化することができた。

十一期三中全会を経て改革路線が確定すると七九年春、国家農業委員会は広東、湖南、江蘇、安徽、河北、吉林、四川の農村工作部門責任者を招集し、農家生産請負制などについて本格的な検討を始め、人民公社体制堅持の前提の下に特殊状況において各種の農家生産請負制を認める案をまとめた。八〇年五月、鄧小平は農家生産請負制がすばらしい成果を上げており、集団経済にもマイナスではないと明確に支持する態度を示した。各種の農家生産請負制は全国規模で広がっていった。そして八二年、党大会終了後、一一月末から一二月にかけて開かれた第五期全人代第五回会議で新憲法が討議・採択されたが、そこにおいて正式に「人民公社の解体」が決定されたのである。人民公社の解体、郷人民代表大会・郷人民政府の樹立と農家生産請負制の普及は急ピッチで進み、八四年末にその移行は完了した。そして請負制の広がりとともに、農民は生産意欲を大いに高め、八四年には史上初めて食糧生産が四億トンを突破するほどに飛躍的な増産を勝ち取ったのであった。言うまでもなく、生産意欲の高まりだけでは増産に限度があり、八五年以降はその問題に悩まされるようになるのである。

経済特区と対中円借款

他方、沿海地域における変化は中央のイニシアチブで進めた対外開放政策に負うところが多かった。まず七八年秋の上述した(第四章第6節参照)中共中央工作会議で、「ルーマニア、ユーゴスラビアの経済はなぜ高速度に発展したのか」といった参考資料が配布され、幹部の間で対外経済開放についての学習が進められた。そして中共十一期三中全会で対外貿易拡大、外資利用、先進技術・管理経験の吸収、合弁の推進、そして対外開放の推進・活性化戦略として輸出のための特別区の設置方針が決められた。これを受けて、七九年七月に広東、福建両省の対外経済活動に特恵処置を与え、同時に特別区をまず深圳《しんせん》、珠海《じゅかい》に、その後、汕頭《スワトウ》、厦門《アモイ》にも設置することが決められた。八〇年五月、四つの地区で正式に経済特別区(経済特区)の設置が宣言され、その取組みが開始された。

特区では外資と外国技術に依拠し、合弁企業もしくは外国単独企業が生産の中心となった。したがってこれらを誘致するために、中央の積極的投資によるインフラの整備、税制面の優遇措置などの法的整備などが求められた。こうした取組みが必ずしも順風満帆に進んだわけではない。とりわけ、華国鋒の「洋躍進」による財政逼迫を立て直すために経済調整政策を推進していた陳雲らは、特区建設に対し資本主義的要素をあまりにも無原則に取り込むことと中央投資の困難さから消極的であった。しかし鄧小平は対外開放政策に断固として取り組むことをためらわなかった。

このような鄧の対外開放を強く支持し、経済発展のためのインフラ建設を積極的に支援したのが実は日本であった。七八年の日中平和友好条約の締結時に訪日した鄧は、各分野での高度な産業技術を目の当たりにして、日本に積極的な経済支援を求めた。これに対して七二年の国交正常化時の賠償請求放棄、将来の市場の可能性などに配慮し、日本の政財界は懸命にこれに応えようとした。大平正芳内閣の下で始まった第一次円借款(対中ODA)がそれで、以後二〇〇七年まで続いた。その総額は約三兆三〇〇〇億円で、前半は鉄道、港湾・交通、電力などのインフラに使われ、後半には環境などにウエートが移ったが、中国の経済発展に少なからぬ貢献をした。

改革開放の当初から鄧が主張した基本的な経済発展方針は「先富論」と呼ばれるものであった。すなわち、「豊かになれる条件を持った地域、人々から進んで豊かになろう」という格差是認の考えで、格差を無くし平均主義を重視した毛沢東の考えと対照をなすものであった。

地方の経済活性化

従来、あらゆる経済活動の権限が中央に集中し、各地方や企業、村(基層)は常に中央・上級の指示を受け、あるいは「お伺い」を立てねば物事が決められないといった傾向が強かった。新しく採られた農家生産請負制にしても、「先富論」政策にしても、狙いはこうした状態を転換させることにあった。その基本的な考え方は、地方、企業、村が自らの考えや意思で立案した政策を実行し、独自の利益を上げ、それによって停滞していた経済を活性化することであった。鄧小平はこうした考えを徹底するために、財政面では従来広く用いられてきた「統一徴収、統一分配」(統収統支)方式を改め、一定のやり方であらかじめ中央への上納額あるいは中央からの補助金を決め、それ以外は地方が独自に財政管理を行う地方財政請負制に転換していった。さらに法制度面でも、五四年憲法以来否定されていた「地方立法権」が、八二年の全人代会議で制限付きながら認められるようになった。対外開放政策も、無論、中央の管轄下にはあったが地方の独自の判断、交渉が大幅に認められていった。これらを総じて「放権譲利」の推進と呼び、分税制が採用される九〇年代初めまでの経済発展を推進する最も重要な政策となった。地方とりわけ沿海地方の各省は、これによって大幅に経済的パフォーマンスを高め、やがて時に中央の政策に陰に陽に「異議申し立て」を行うまでになるのである。

一九八四年は改革開放政策を一段と飛躍させる上で重要な年となった。まず、特区に続いて大連、秦皇島《しんこうとう》、天津、上海、福州、広州、湛江《たんこう》、北海など、一四の沿海都市を対外経済開放都市に認定し優遇措置を与えたのである。また農村経済のいっそうの発展を生み出すため、郷鎮企業の建設に積極的に取り組む方針を打ち出した。それは農民の収入を大幅に上昇させるだけでなく、農村の余剰労働力の吸収、農村の都市化(小城鎮建設)など様々な面で効果をもたらす重要な意味を持っていたのである。そしてこの年の五月、六期全人代第二回会議「政府活動報告」の中で「今後都市改革の段取りを早め、国家と企業、企業と職員労働者の関係から手をつける」方針を打ち出した。同じ五月、国務院は「国営工業企業の自主権拡大に関する暫定規定」を発布した。そして一〇月、中共十二期三中全会が開かれ、本格的に都市の改革に乗り出すことを決意した「経済体制改革に関する決定」を討議・採択したのである。

市場経済への移行

都市の改革は、たんに工場・企業の改革にとどまらず、指令統制経済から商品経済(後に「市場経済」と表現されるようになる)への移行の必要性が強調された。従来、「計画経済を主とし、市場調節を補とする」のが社会主義経済の常識であった。しかしここではむしろ「市場調節を主とする」ほどに商品経済の重要性が強調されるようになっている。そのために、生産・分配から人事まで政府・主管部門が深く関与していた制度を変え、できるだけ企業自身に自主権を与えることが重要とされた。さらにそのためには、経営の主体である工場長に大幅な経営権を付与すること(工場長責任制)が提起された。

また都市の改革は企業改革にとどまらず、原材料・製品など各種の市場の形成、統制価格から市場調節にまかせる価格改革、各種社会保障制度の導入、法制度の整備など、社会の全面的な改革になり、きわめて複雑なプロセスになるものであった。したがって従来の党組織、行政、企業内などの既得権益との衝突を必然的に伴うこととなり、本格的に進めるにはかなりの反発、困難が予想された。事実、その後取り組まれた工場長責任制は、工場内の党委員会書記との摩擦を、価格の自由化は予想を超える物価上昇とブローカーの暗躍を引き起こしている。

また、工場・企業は中国では「単位《ダンウェイ》」と呼ばれ、生産単位のみならず人々の生活の面倒までみるある種の社会単位でもあった。したがって、こうした単位制度の変革までも伴う改革は、とくに規模の大きな組織(重工業部門に多い)では容易に手がつけられなかった。それ故、都市の改革は比較的手のつけやすい軽工業部門の小・中規模企業、この時期に生まれた個人経営企業、合弁合作企業などといった、従来の社会主義企業から言えば外輪、もしくは枠外の企業の改革から手がつけられることとなったのである。このことと農村から改革が始まったことを総じて、この時期の改革を「体制外改革」と特徴付ける人もいる(呉敬璉)。

3　政治体制改革論議と党の改革案

民主化要求の封じ込め

少し遡るが、一九七八年秋の「民主の壁」など民主化要求の声はどのようになったのだろうか。この民主化要求の中には当時『探索』誌の編集長であった魏京生《ぎきょうせい》の「第五の近代化＝政治的民主化」を求める主張のように、共産党独裁体制そのものに抵触する内容も少なくなかった。しかし、鄧は積極的に思想の解放を呼びかけたため、彼らは鄧小平待望論を強めた。十一期三中全会を経て鄧の台頭は現実のものとなっていただけに、民主化への期待感は膨れ上がっていった。しかし、七九年三月に入るとまさに鄧小平その人の号令によって、この民主化要求は弾圧・封じ込めにあったのである。

一月より開かれていた中共中央理論工作会議の締めの会議において、鄧は「四つの近代化」実現のためには「四つの基本原則」を堅持しなければならないと力説した。「四つの基本原則」とは、①社会主義の道、②プロレタリア独裁（後に人民民主独裁と表現）、③共産党の指導、④マルクス・レーニン主義、毛沢東思想の四つであり、それらをしっかりと堅持することであった。鄧はここで民主化を要求する人々を社会主義、共産党指導の転覆を図る「反革命分子、悪質分子」と露骨に非難し、断固とした対処が必要であると主張した。この提起は、一方で鄧自身が華国鋒を追い落とす過程で党内基盤を固めるために、民主化に不安感を抱く党内左派、中間派を取り込むという政治的配慮が見え隠れしている。しかし他方、鄧自身のプラグマティックな信念として、経済建設を進めていくためには政治的安定が不可欠であり、中国では党の指導、核心思想の安定が重要であるという強い認識があった。

おりしも、開放政策に伴って西側の情報、思想の流入が始まり、文革や毛沢東評価の見直しなども重なり、いわゆる「信念の危機」——社会主義、マルクス・レーニン主義、毛沢東思想に対する疑義としての「三信危機」とも言う——が広がっており、党としての明確な姿勢を必要としていた時期でもあった。そして「四つの基本原則」の提起によって、魏京生ら民主化活動家の逮捕、民間刊行物の取締まりなどが強化され、自由な雰囲気は引締めへ変わったのである。八一年の白樺《はくか》事件、すなわち白樺の小説『苦恋』が反愛国的、反社会主義的として「解放軍報」から批判を受け、やがて左派イデオローグから「ブルジョア自由化」として批判された事件もその一例である。

しかし鄧小平は政治改革の必要性それ自体を否定したわけではなかった。八〇年八月、彼は中共政治局拡大会議で「党と国家の指導制度の改革について」と題する重要講話を行い、権力の過度の集中、過度の兼職、副職、党と行政の重複(党政不分)、党の行政代行(以党代政)、高級幹部の終身雇用制などの弊害が深刻であり、近代化建設のためにはこうした指導体制を改革しなければならないと強く訴えた。その秋、中央党校において鄧に近い政治学者・廖蓋隆《りょうがいりゅう》が二院制の導入、中央政治局の廃止、自主的労組、農民組合の設置などを内容とした「庚申改革案」と呼ばれる急進的政治改革案を提示した。しかし政治改革は社会主義体制や党指導の在り方に直接触れるものであっただけに、廖蓋隆案は無論、鄧小平講話も当時は公にされなかった。

八三年秋には中共十二期二中全会が開かれ、思想と組織の引締めを狙った「整党に関する決定」が採択された。ここで保守派と言われた鄧力群《とうりきぐん》党宣伝部長のイニシアチブの下に「精神汚染反対」「ブルジョア自由化反対」のキャンペーンが展開されたが、改革派の胡耀邦総書記が反撃し、八四年には再び思想・文芸界に自由な雰囲気が戻った。

こうした政治・思想レベルでの党内対立と並行して、経済面での改革開放の幅やテンポをめぐっての党内対立も生まれた。例えば、市場経済・対外開放を積極的に進めようとする鄧小平グループと、計画経済を主とし、西側との経済交流も自制的に進めることを主張する陳雲グループの対立などであった。「特区論争」「経済鳥籠論」(開放政策も計画経済の枠組み＝鳥籠の中で行うべしとの主張)などはその表れであった。ただし経済レベルと政治・思想レベルの対立構図は、必ずしも重なっていたわけではなかった。

指導体制の改革論議

八五年九月、中共全国代表者会議が開かれ、葉剣英、鄧穎超《とうえいちょう》(周恩来未亡人で全国政協会議主席)らの引退と、胡啓立《こけいりつ》、田紀雲《でんきうん》、喬石《きょうせき》、李鵬《りほう》ら、五十歳代の「第三梯団」と呼ばれる若手指導者の大量抜擢が行われ、世代交代を強くアピールした。

それを踏まえて指導体制の改革が徐々に日程に上ってきた。八六年春、中国社会科学院や中央党校の改革派研究者、若手研究者らが政治体制改革の論議を始め、「火付け役」となった。論議の中には「三権分立」「チェック・アンド・バランス」といった西側の政治理論を重視する議論なども含まれた。鄧も七月には政治体制改革が必要だとの発言を行い、胡耀邦、万里、朱《しゅ》厚沢《こうたく》(宣伝部長)、王兆国《おうちょうこく》(書記処書記)ら中央指導者も積極的に発言するようになった。

しかし九月に入ると、王震や彭真ら保守派長老が「四つの基本原則堅持」「ブルジョア自由化反対」を強く叫ぶようになり、これに対して急進的な改革派知識人、方励之《ほうれいし》、劉賓雁《りゅうひんがん》、李洪林《りこうりん》らは「中国に三権分立は可能」「四つの基本原則を掲げることは迷信、保守、従属を主張することだ」と激しく対立した。一二月、方励之が副学長を務めていた安徽省の中国科学技術大学から民主化要求の学生運動が始まり、またたく間に上海、北京、そして全国一五〇校前後の大学でデモや集会が持たれた。鄧小平はこれらの動きを「行き過ぎ」と判断し、一二月末、「旗幟鮮明にブルジョア自由化に反対せよ」との指示を発した。党と公安は引締めを開始し、これによって学生運動、民主化運動は腰砕けに終わった。

八七年一月に入り、中共中央政治局拡大会議が開かれ胡耀邦は民主化を主張する知識人・学生に対し軟弱な態度を取った、として責任を取らされ総書記辞任に追いこまれた。そこで「左からの巻き返し」なるかに思われたが、鄧は胡耀邦の後任にもう一人の改革派の旗手・趙紫陽を抜擢し、秋の中共第十三回全国大会に向けて「政治体制改革案」作りに入らせた。鮑彤《ほうとう》、厳家祺《げんかき》を中心に作成された同案は、一〇月末の中共第十三回全国大会で陽の目を見ることとなった。その核心は党の指導系統と行政の指導系統の重複を排除する「党政分離論」であった。さらに権力の下放、政府機構改革、公務員制度を導入した幹部人事制度、法制の強化などが主張され、党自ら政治体制の改革を示したものとして注目された。

しかし、党政分離を実際に実行に移そうとすると、政府各部門（例えば、農業局・庁）に対応して党組織内に設置していた対口部と呼ばれる各部門(農村工作委員会など)の廃止、政府や大衆組織内にある党指導グループ(党組)の廃止などが課題となり、それは明らかに党指導の弱体化を意味したため、直ちに抵抗の動きが生まれた。あるいは公務員制度を導入するならば、従来各級の党組織部が完全に掌握していた人事権に風穴をあけることとなり、組織部を中心とした既得権益を守る動きが出ることは必至であった。八七年秋から八八年にかけて幾つかの中央と省レベルの行政部門でこのような政治改革が始まった。しかし、各地からの報告では、党委員会と人民政府、人民代表大会の指導権をめぐる争いなど混乱に関するものが目立っていた。公務員制度の導入もほとんど実験的な段階にとどまった。政治体制改革はその始まりから「暗礁」に乗り上げたのである。

4 改革開放のジレンマと高まる社会不安

経済体制の改革へ

政治体制改革の主張は、無論、政治参加の拡大や政治表現の自由を求めるといった民主化そのものの要求から出てきていることは事実であった。しかし同時に、とくに中共指導者、ブレーン・レベルでは経済体制改革を本格的に進めるためには、政治体制の近代化・合理化が不可欠という政治と経済の「両輪」論に基づくものが一般的であった。一九八四年の「経済体制改革に関する決定」以来、経済体制は構造的転換の段階に入りつつあった。同年、商業流通体制改革の座談会が商業部で行われ、八五年には、中共中央は科学技術体制改革、教育体制改革などの「決定」を次々と発布した。さらに八六年には中央や地方の縦割り行政システムを打破するために、企業間の横断的経済連合(横向き連合)の推進が呼びかけられた。その他、企業自主権の拡大、工場長責任制は広範に実施されるようになり、指令制価格の他に市場価格も並存させた二重価格制(双軌制)の導入、利改税(利潤上納制から法人税徴収制)への改革、住宅制度の改革などが試みられた。

八七年の中共第十三回全国大会は、経済改革面でも新たな段階への突入を意味した。趙紫陽の「政治報告」は政治改革と同時に、社会主義初級段階論を提起した。すなわち中国は社会主義社会ではあるが、経済が立ち遅れ、農業が主で自給自足経済が大きな比重を占め、貧困と停滞が続いている現実を踏まえ、そこからの脱皮を図ることが最優先課題となっている段階を「初級段階」と規定した。その脱皮のためには近代的工業の発達、商品経済への移行などが鍵となる。したがって、この理論によって従来資本主義的と見なされていた不動産(使用権)の売買、私営企業や株式制度の導入などを積極的に実施することのできる正当化の根拠を提供したのである。

さらに趙紫陽は、同報告でも強調した対外開放政策と経済技術交流のいっそうの拡大、発展を進めるために、若手ブレーンの一人、王建《おうけん》の提起した「国際大循環論」を取り入れた沿海地区対外経済発展戦略を提起するようになった。それは従来の経済特区、対外経済開放都市の設置という、いわば開放拠点を増やすやり方ではなく、沿海地区全体を西側的な国際経済システムの中に組み込み、厳しい国際ルールと国際競争の中で、沿海の経済を質的にも量的にも大幅に発展させることを狙ったものであった。八八年春、省に格上げした海南島全体を経済特区に指定したことはその具体策の一つである。

拝金主義の蔓延

少なくとも経済レベルで限りなく資本主義に近づけようとするこの試みは、確かに多くの人々の労働意欲、経済インセンティブを刺激し、従来の計画経済、指令統制経済に比べはるかに大きな経済効果をもたらした。しかし同時に、深刻な矛盾も顕在化するようになっていった。第一は、発展条件を持った地域や人々とそうでないところとの経済格差が極めて大きくなってきたことである。例えば、香港に隣接する広東省の発展は目覚しく、一方、従来の社会主義的遺産を多く担っている重工業地帯の東北で発展は遅々としていた。あるいは、沿海と内陸の格差、個人経営・外資企業と国有企業労働者との格差などがそれであり、改革開放の恩恵の少ないところからの不満が鬱積されていった。

第二は、経済発展を優先すればするほど誰もが豊かさを追求するようになり、いわゆる「向銭看《シアンチェンカン》」現象=拝金主義が蔓延したことである。とりわけここで問題になったのは、①党の幹部や一般党員の多くも「向銭看」にとりつかれ、日常の党務、行政などが疎かになり、とりわけ末端の統治弛緩が深刻になったこと、さらには②改革開放に対応した法的整備が整っていないことも重なり、経済利益のために権力を濫用する経済不正が多発したことなどである。

ブローカーの横行とインフレ

第三には、改革開放政策そのものに内包する矛盾が、経済混乱、ひいては経済不正を引き起こしていたことである。例えば、①改革開放を促進するために既述したように、経済権限の地方レベルへの下放を実施したが、それが地方利益優先主義、地方保護主義の傾向を強め、大局を顧みない過剰投資、過剰生産を生み出していたこと、②二重価格制を悪用することによって同じ物資を安く手に入れて高く売り、不当な利益を得る「倒爺《ダオイエ》」（ブローカー）の横行、これがとくに権力濫用と結びついて「官倒《グアンダオ》」（役人ブローカー）が暗躍し、庶民の不平を買った。

第四は、市場価格の自由化とともに従来行政的に抑えられていた物価の上昇と価格の不安定化である。とりわけ社会主義化を実現して以来、安定していた物価が、前年比で見ると改革開放の深化につれて、七八－八三年の年平均二・八％増が、八四－八七年で七・三％増に、そして八八年には上半期だけで一三％増と急上昇した。価格問題を主要議題として開かれた八八年五月末の中共中央政治局拡大会議では、趙紫陽でさえインフレを懸念し慎重論を説いた。にもかかわらず、鄧は「改革しなければ亡党亡国の危険があり、改革を進めれば頭を割って血を流す危険に出くわすだろう。亡党亡国よりは頭を割って血を流す方がよい」と価格の自由化断行の論陣を張り、結局、鄧の主張が実践に移された。そしてインフレ上昇カーブはその後一段と鋭くなり、同年平均一八・五％増を記録した。

都市住民の実質所得水準は、八七年一〇月の調査で、二一％の家庭で低下、八八年には三五％の家庭で低下という結果が見られ、都市住民の実に八三・三％がインフレに不満を表明していた。さらにはこの時期、鄧小平や趙紫陽らを含む中央指導者の息子、一族が絡んだ総合商社、集団公司が設立されたが、ここでは「官倒」現象と呼ばれる大規模な経済不正が深刻になり、人々の不満も鬱積していった。こうした中で八八年九月、中共十三期三中全会が招集され、経済環境の整備と経済秩序の回復を目的とした「整備・整頓」方針が決定された。ここでは価格改革の事実上の凍結、社会総需要の圧縮によるインフレの抑制、経済成長の減速などによる経済引締めが主な内容であった。しかし継続するインフレ上昇傾向などの事態は必ずしも好転せず、総需要抑制の効果が現れるはずの翌八九年にも物価上昇は前年比一七・八％増を記録するほどであった。その上、こうした社会混乱、経済混乱を引き起こした政策批判の矢面に、鄧小平ではなく趙紫陽総書記が立たされるようになっていった。政治改革の混乱も合わせ、八八年は七八年来の改革開放路線の担い手の試練の時を迎えていたのである。

5　改革派内での新権威主義論争と民主化要求の高まり

集権による経済近代化の主張

一九八八年の秋、改革開放の行く手に暗雲が立ち込め始めていた。改革派のブレーンや研究者たちはそのことを危機感を持って受け止めるようになった。二つの主張が台頭した。一つは民主化重視の政治改革をとりあえず棚上げにして、近代化を強く志向する指導者に権威と権力を集中させ、政治的な安定の下に強力に経済近代化を推進していくという主張であった。いわゆる「新権威主義論」といわれるものである。もともと王滬寧《おうこねい》(二〇一二年の十八期一中全会で政治局委員)や張炳久《ちょうへいきゅう》ら若手政治学者によって八六年頃から提起されたものであったが、基本的にはサミュエル・P・ハンティントンらが体系化した後発国近代化理論、すなわち一人あたりGNP四〇〇—一〇〇〇ドルの段階にある国では、その前段階、後段階の社会状況に比べて何倍も不安定であり、そこで近代化を進めるには政治安定を保障できる強い政府＝権威主義体制が必要である、との理論に依拠したものである。アジアNIEs(新興工業経済地域)といわれた韓国・台湾・シンガポールなどの、いわゆる開発独裁論に極めて近似するものであった。

当時注目された理論家の一人、呉稼祥《ごかしょう》は「新権威主義の社会的実践とは伝統的社会が近代的社会へ向かう際の不可避的なある種の過渡的形態に他ならない。経済的には物動経済から商品経済へ向かう半市場経済、政治的には伝統的独裁から民主的政治体制に向かう開明的独裁の段階である」と論じた。さらに張炳久によるならば、新権威主義の「新」の意味は指導者が近代的意識の申し子であること、「権威」とは強力なパワーを持ち、強制的に近代化を推進することのできるストロングマンと認識されることであった。要するに彼らは、政治安定のための集権体制と経済発展の組み合わせ、言いかえるなら「ハードな政府、ソフトな経済」という政治経済体制の枠組みでしばらくは進もうという考えであった。この考えは、前述した「四つの基本原則」提唱以降の鄧小平の考えに近いもので、鄧自身も八九年三月、「新権威主義論」をまさに自分が考えてきたものだと語っている。ただし、これを主張する若手の中には呉稼祥のように趙紫陽ブレーンも少なくはなく、鄧小平以後の「趙紫陽指導体制」を強化する政治的意図もあったといわれる。

民主化推進の主張

これに対して、もう一つの理論は民主化をいっそう加速せよとの主張であった。とくに社会主義下におけるスターリン独裁、毛沢東独裁の悲劇を重視する理論家たちは、「今日必要なのは独裁の権威ではなく民主の権威である」などと新権威主義に猛然と反発した。こうした知識人・学生の間には急速に「改革危機意識」が高まっていった。例えば、著名な知識人である厳家祺は八八年一一月、温元凱《おんげんがい》との対談の中で次のように語っている。「中国の改革という戦車は泥沼にはまった。……今は皆が出口がないと感じ、どうしてよいかわからない。……ブレジネフ式の長期停滞がないことを希望している」。こうした危機意識は次第に、彼らの行動を性急なものにしていった。

八九年に入り、方励之らは魏京生ら「北京の春」「民主の壁」で逮捕・投獄された政治犯の釈放を求める「人権擁護署名運動」を展開するようになった。まず鄧小平に宛てた方励之の「書簡」、続いて知識人三三名署名の中共中央、全人代常務委員会宛ての「公開状」などとその輪は徐々に広がっていった。政治意識の高い学生たちがこれに呼応する動きを開始した。五月には歴史的な「民主と科学」を象徴する「五・四運動七十周年記念」やペレストロイカの旗手ゴルバチョフ書記長訪中の日程が組まれており、知識人・学生たちはそれらを契機に再び政治改革を盛り上げようと準備していたのである。

当局の危機感

しかし当局は、こうした動きを強く警戒するようになっていた。三月初めのブッシュ大統領の訪中に際して、方励之ら民主改革派知識人らのブッシュとの接触を妨害した。経済引締めにもかかわらず容易に沈静化しないインフレや、官僚たちの経済不正などへの怒りの声が巷に溢れ始めていた。知識人・学生たちの民主化要求の高まりと庶民の社会的不満の増大が、微妙な共鳴を引き起こし始めていた。鄧小平は内部講話の中で「安定が全てに優先する」と力を込めて強調した。趙紫陽を含む中共指導者の発言でも、社会的混乱には実力行使も辞さないとの強い姿勢が見られるようになっていた。七八年末の十一期三中全会で新たな第一歩を踏み、一〇年の歳月を経た改革開放路線は、ここに来て重大な岐路に立たされたのである。

エスニック運動の台頭

民主化に関連したもう一つの重要な動きが、改革開放期に入って表面化していった。チベット自治区や新疆ウイグル自治区を中心とした少数民族の「自決」を求めるエスニック運動である。中国政府は一九五二年にこの「自決権」を否定し「不可分の領土」を前提とした「民族区域自治」の政策を打ち出し今日に至っている。五〇年代には、これによってチベット、内モンゴル、新疆ウイグル、広西チワン族、寧夏回族の「自治区」作りが進んだ。こうした過程で五七—五八年の新疆におけるウイグル民族の「異議申し立て」を「地方民族主義」として徹底的に批判し、五九年にはチベット動乱を鎮圧し、ダライ・ラマ十四世はインドへ亡命した。以来、こうしたエスニック運動は封じ込められたままであった。

しかし、八〇年代、とりわけ胡耀邦総書記時代に、少数民族地区でも経済改革・開放政策を推進し、同時に少数民族政策でも柔軟政策に転じた。こうした「自由化の空気」の中で、インドにおけるダライ・ラマの「亡命政権」と連携しながら、チベット自治区内では僧侶を中心にしたエスニック運動が高まり、改革開放期に流入してきた大量の漢人との間に摩擦・対立が頻発した。八七年秋には「ラサ暴動」と呼ばれる比較的大規模な「自決」運動が表面化したが、当局はこれを「敵対矛盾」と規定し武力鎮圧に乗り出した。それでも以後断続的に「チベットの独立」を掲げる運動が再燃し、八九年三月にラサに戒厳令を発するまでの規模となり、当局は徹底的な弾圧を試みた。他方、新疆でもソ連邦の弱体化、同国内中央アジア地区でのエスニック・ナショナリズムの台頭に刺激されながら、八〇年代後半頃から反中央・反漢族のエスニック運動が表面化するようになってきた。これに対しても当局は、「分裂主義」「反革命暴乱」と規定し打撃・封じ込めの強硬政策をとっている。

八〇年代以降のエスニック運動の特徴は、これらが民主化運動や国際的な人権擁護運動、あるいは他国内のエスニック運動と連携するようになってきたことであった。そこで話を建国以来最大の民主化運動となった第二次天安門事件に移してみることにしよう。

6　第二次天安門事件と武力鎮圧

胡追悼から鄧批判へ

政治の重大な転換はしばしば予期せぬ事件を契機として展開されるものである。

一九八九年四月一五日、リベラルな指導者として、失脚後も人気の高かった胡耀邦前総書記が突如、心筋梗塞で他界した。このニュースを知った学生・知識人たちは直ちに彼を追悼し、業績を讃える集会を催したが、その輪はやがて胡の「名誉回復要求」となり、間もなく「独裁主義、封建主義打倒」「憲法の基本的人権擁護」「自主的な学生組織の結成」「民間新聞の発行許可」などを叫ぶ民主化一般の運動へと拡大していった。これに対して党政府当局は、当初は黙認していたが、四月二五日に鄧小平が学生運動を「計画的な陰謀であり動乱である。その実質は党の指導と社会主義を根本から否定することにある」と決め付けた。これを受けて翌日の「人民日報」が「旗幟鮮明に動乱に反対せよ」と題する社説を発表し、民主化運動はまたも封じ込められるかに見えた。しかし、学生たちはこの「決定」に強く反発し、運動の輪はかえって一挙に拡大することとなった。同時に、この当局の「決定」の最中、北朝鮮を訪問していた趙紫陽が帰国し、学生運動は「動乱」ではなく「愛国的な民主運動である」と発言したため、党内指導部でも鄧小平ら長老派および李鵬ら保守派のグループと、趙紫陽ら改革積極派のグループとの対立が表面化した。

五月の上旬から中旬にかけて、運動は学生・知識人のみならず政府関係者、企業家、一般市民、労働者をまきこんで拡大していった。その背景として、運動の主張が「共産党擁護」の上での民主化一般の要求、「官倒」批判など比較的穏やかなものであったこと、先述したインフレや役人の不正に対する不満がこうした運動への共鳴を引き起こしていたことなどが考えられる。とくに注目すべき特徴は、社会主義体制下で常に「権力の口舌」であった「人民日報」などマスコミ関係者や、権力の暴力装置である警察関係の人たちが、この運動の輪に加わり始めていたことである。その規模は、この時期三度にわたって、天安門広場で実に一〇〇万人と言われる大集会が持たれるほどであった。そして北京の交通や日常活動はまさに麻痺の状態となった。

第二次天安門事件で学生たちに語りかける趙紫陽．右は温家宝．写真提供：AP/アフロ．

五月一五－一八日、北京が異常な雰囲気に包まれる中でゴルバチョフの訪中が実現した。そして一六日、鄧小平、李鵬に続いて夕刻から趙紫陽総書記との会談が持たれた。趙はその場で、「われわれは第十三回党大会直後、重大な決定を行った。それは重要問題に関しては依然として鄧小平同志が舵を取るということである」との秘密決議を明らかにしたのであった。天安門事件の予想される全ての事態が鄧の意思によって進行しているのだと言いたかったのであろうか。翌日、厳家祺の執筆と言われる「五・一七宣言」が公にされ、「称号なき皇帝」「老いて愚昧な独裁者」「独裁者は辞職せよ」と初めて正面からの鄧小平批判が打ち出された。一九日、ゴルバチョフの帰国を待って趙紫陽は天安門に自ら赴き、学生たちと面会し「来るのが遅かった」という言葉を残して、以後、公の場から姿を消したまま二〇〇五年に他界した。

戒厳令

五月二〇日、建国史上初めて首都北京に戒厳令が施行された。これに対して学生・市民らは当局の軍事行動を阻止すべく市内に入る各要所にバリケードを築き、さらに人民解放軍に直接説得活動を続けるなどして根強い抵抗を示した。戒厳令施行から約二週間、当局は鎮圧行動に出ることもできず、両者は対峙を続けた。この間、学生・市民を支持する海外の声も高まった。とりわけ一九九七年に返還の決まっている香港の市民・学生は、返還後の香港での民主主義維持の問題と重ねて考え強い関心を示すようになり、大規模な支援活動を展開し始めた。しかし、当局の姿勢は硬かった。鄧小平は五月一七日の中共中央政治局常務委員会で「退却と言うが君達は何処まで退却するつもりなのか、退却してはならない」と発言していた。あるいは、楊尚昆国家主席は二二日の講話の中で、「これはダムの最後の堤防であり、一度退却すればダムは決壊するというものだ」と軍による封じ込めを支持した。

学生たちには徐々に焦燥感が強まっていった。運動を当初からリードしていた王丹《おうたん》、ウルケシ、柴玲《さいれい》たちはいったん大学に撤退することを呼びかけたが、新たに隊列に加わった各地からの学生たちに押され、統率が執れなくなっていた。徐々に一般学生たちは広場から離れ始め、民主化要求を死守しようとする強い意志を持った人々を残すのみとなっていった。かくして六月三日未明より四日にかけて、「運動は反革命暴乱に変わった」との理由で戒厳部隊が北京中心部に向けて出動を開始し、天安門広場に至る幾つかの主要道路上で抵抗する学生・市民に発砲し、蹴散らしていったのである。その死者は一説で二〇〇〇名前後との報道もあり、その後の当局の発表でさえ軍側も合わせ死者三一九名、負傷者九〇〇〇名に達するほどであった。

六月九日、ゴルバチョフと会見して以来、その動静を隠していた鄧小平が、満を持したかのように登場し、戒厳部隊の幹部を慰問接見した。ここで鄧は「この風波は国際的な大気候（和平演変。社会主義体制の平和的転覆）と国内的な小気候（ブルジョア自由化）によってもたらされ、……党と社会主義を転覆させ、完全に西側に隷属したブルジョア共和国を実現しようとしたものであり、遅かれ早かれやって来るものだった」と決め付け、自らの断固とした処置をためらうことなく正当化したのである。活動家の多くが、あるいは捕らえられ、あるいは国外に逃亡し、一般の人々は口をふさいでしまい、再び重苦しい中で日々を送ることを余儀なくされた。育ち始めた民主主義の芽が、ここでも厳しく摘み取られたことは確かである。

7 国際的孤立化と冷戦の崩壊

国際圧力の高まり

国際社会、とりわけ米国をはじめとする西側諸国は中共当局のこうした行動に一斉に非難の声を上げた。彼らはこの「六・四事件」を「民主主義への挑戦」「人権弾圧」と受け止め、経済交流や政府ベースの交流を中断し、さらにG7アルシュ・サミットでは中国に対する「経済制裁」を課すことを決定した。日本もこれに同調し「第三次対中円借款」供与を中断する決定を下した。これに対して中国は、人権弾圧非難は内政干渉であり、西側諸国の「和平演変」に断固反対との姿勢を打ち出した。もっとも鄧小平は、天安門事件直後から「中国の改革開放路線は不変である」と力説し続けていた。が、日本を含め西側諸国との経済交流は、貿易総額の減少にも見られるように大きく冷え込んでいった。

一九七八年以来、「四つの近代化」建設を掲げ、西側との平和共存、経済交流を最優先してきた対外路線は重大な壁に突き当たった。さらに、八〇年代前半から中頃にかけて関係を正常化していった社会主義国の多くが、ゴルバチョフのペレストロイカの影響を強く受け、ハンガリー、ポーランド、チェコスロバキア、東独など次々と大胆な民主化に突入し始めていた。そして八九年の一一月、東西冷戦の象徴的存在であった「ベルリンの壁」が崩壊し、以後東欧諸国の社会主義独裁体制は雪崩を打ったように崩れていったのである。「蘇東波（〝ソ連東欧の民主化の波〟の意。宋代の有名な文人・蘇東坡の名をもじった表現）は中国に届くか」といった関心が高まった。それは中国当局から見ればまさに「和平演変」の国際圧力でもあった。

アジアとの関係見直し

このような国際的孤立化の中で、中国は如何なる選択をしたのか。鄧小平のブレーンの一人で著名な国際政治学者・宦郷《かんきょう》の以下の指摘は興味深い。八〇年代初め、「世界の国際情勢の展開を決定しているのは中・米・ソの大三角関係である」（『世界経済導報』一九八四年七月九日）と見下ろしていたアジア周辺諸国・地域について、八〇年代中頃に入ると「周辺の多くの国と地域が今世紀末には次々とNIEsの道を歩むだろう。われわれが奮闘して国力をつけなければ一〇年後には大きく取り残されるだろう」（『北京週報』一九八八年三号）と強い危機感、緊迫感で受け止めるようになっている。これらの国・地域がここに来て中国の経済パートナーとして急速に浮上したのである。

台湾は八八年、蔣経国《しょうけいこく》から政権を引き継いだ李登輝《りとうき》によって自ら民主化を推進しながら、一方で天安門事件では中国当局を非難しつつ、他方でこの時期中国との経済交流を投資、合弁、貿易などの面で大幅に増大させた。東南アジア諸国も、現地の華人資本を中心に中国への投資が増大していった。それと並行して、中国は九〇年の北京アジア大会を契機に周辺諸国との関係正常化に積極的に乗り出すようになった。九〇年の外交を回顧した銭其琛《せんきしん》外相は、「一年この方中国と周辺諸国との友好協力関係は大きな発展と変化を見せた。……現在中国と周辺諸国の関係は建国以来最良の時期にある」と指摘している。李鵬総理もまた九一年の春「周辺諸国との善隣友好関係の発展は外交活動の重点」と発言していた。具体的には、従来の国交を有する国のほかにモンゴル、インドネシア、シンガポールとの関係正常化(九〇年)、ベトナムとの関係正常化(九一年)、韓国との国交樹立(九二年)などが話題となった。

無論、アジアとの関係強化だけでは中国自身の経済発展を支えることができず、間もなく西側諸国との関係修復も模索されるようになった。ここで架け橋的役割を担ったのが日本であった。日本は西側のスタンスを取りながらも「中国を国際社会から孤立化させてはならない」と強調し、九〇年のヒューストン・サミットでは「対中非難決議の回避」に尽力した。さらには七月、西側指導者としては天安門事件以来初めて海部俊樹首相が訪中し、凍結していた対中第三次円借款の再開に踏み切った。中国自身も、戒厳令の解除、天安門事件関係者の大量釈放、方励之夫妻の米国への出国黙認など関係改善のシグナルを発し続け、米国などとの関係の一定の修復が実現した。

「守りの」外交に入る

しかし、九一年一－二月に発生した湾岸戦争において圧倒的なハイテク兵器の威力を見せつけた米国の軍事力、同年八月のクーデター失敗を契機として一挙に瓦解していったソ連の現実を前に、中国指導部は「米国の脅威」を改めて認識したのであった。「現在はただ一つの超大国が存在している。その超大国が世界を支配していると認識するならば危険なことだ」(銭其琛、九一年四月の発言)。この時期、鄧小平は「二四文字指示」「二六文字指示」などを次々と発し、「目立つ行動をせず力を蓄えよ」(韜光養晦)、「社会主義の先頭に立つな、冷静に観察せよ」「敵強く、我弱ければ守りを以って主とせよ」といった「守りの」外交方針を指示している。そして鄧をはじめ中共指導者たちが改めて認識したのは経済発展を通して国力をつけるということであった。

天安門事件直後から総書記に就いた江沢民《こうたくみん》は、九一年四月、「中国のもっとも重要なことは経済を活性化し、総合国力を向上させることである。経済力がなければ国際的には地位を保てない」と力説している。政治はしっかりと引き締められたままであったが、再び経済開放のアクセルが踏まれるようになるのである。

第六章　ポスト鄧小平と富強大国への挑戦

ソ連崩壊後の「世界の二大国」「建設的戦略的パートナーシップ」をアピールする江沢民とクリントン(1998年6月訪中). 写真提供：中国通信社.

1　南巡講話と高度経済成長への再加速

鄧、改革開放再加速の檄

一九八九年の第二次天安門事件は、政治のみならず経済をも冷却化させ、一面でインフレは一気に沈静化するに至った。しかし投資、貿易なども落ち込み、経済の活力自体が低下していた。九一年に入り、保守派の功勢を押し返しながら鄧小平を先頭に改革派指導者たちは再び改革開放に力を入れるよう呼びかけ始めた。三月、上海「解放日報」には皇甫《こうほ》平《へい》のペンネームで鄧の意を汲み、保守派を批判し改革開放に力を入れるべきと主張した評論が連載された。鄧は上海で改革の手腕が高く評価されていた朱鎔基《しゅようき》を副総理に抜擢した。しかし全体としては依然盛り上がりを欠いていた。そこで九二年の一月一八日から二月二一日にかけて、鄧小平は八七歳の老体に鞭打ち武漢、深圳、広州、珠海、上海など南方の開放都市を訪問した。そして各地で改革開放を加速せよと「檄」を飛ばしたのである。

　これはやがて「南巡講話」と呼ばれた。いわく「敢えて、大胆に突破する必要がある。纏足女のようではダメだ」「今が発展のチャンスだ。チャンスを逃すな」。さらに彼は従来多くの社会主義者がためらいを持ち続けていた市場経済の導入を積極的に奨励し、そのための彼一流のプラグマティックな理論を展開している。例えば「計画が社会主義で、市場が資本主義という見方は誤っている。計画と市場はともに経済手段である。資本主義にも計画があるように、社会主義に市場があってもおかしくはない」、さらに「姓社姓資〔問題は社会主義か資本主義か〕論争をするな。物事の是非の判断は①生産力の発展、②総合国力、③人民の生活向上に有利か否かを基準にせよ」などといった主張である。

鄧の南巡講話は中央政治局を通過し、三月、中共中央二号文件として全国各地に通達され、改革開放の再加速の号令が発せられた。六月、中共はさらに従来沿海地域に限定していた対外開放政策を、内陸、国境地帯を含む全方位開放に発展させる決定を行った。各地方は先を争って開発区を建設し、不動産業、サービス産業の推進などにも力を入れるようになり、経済成長は再び急カーブで上昇し始めた。この再加速の担い手は、各地方自身の高速度発展を担った地元の幹部たちであった。それはやがて、開発区の乱立、外国投資誘致競争など経済過熱を引き起こした。中央は行き過ぎを抑制するため懸命にマクロコントロールを強めようとしたが、地方の勢いは容易に収まらなかった。対外貿易、外国企業の進出も再び活発となり、九二年の貿易総額は前年比二二・一%増を記録するほどで、GDP成長も一三・四%、工業総生産額成長率は二八・〇%増と二桁に乗るほどであった。

ポスト鄧の体制

こうした勢いの中で、九二年一〇月に中共第十四回全国大会が開かれた。ここではポスト鄧小平体制の確立がはっきりと意識されていた。基本路線としては、鄧の「南巡講話」精神をほとんど正確に踏襲し、「社会主義市場経済」の積極的な導入が謳われた。また指導体制としては、第二次天安門事件直後の中央委員会で抜擢された江沢民を引き続き総書記に選び、「江沢民同志を核心とする」ことが明記された。これによって従来何かと対等視もしくはライバル視されていた李鵬総理、喬石全人代常務委員長と明確に一線が画され、その上で「第三世代指導集団」の形成が目指されたのである。また中共第十二回大会で設置されて以来政治に影響を与えていた長老たちの基盤、中央顧問委員会が廃止され、万里、楊尚昆、宋平《そうへい》らが政治局から引退し、胡錦濤《こきんとう》ら若手が抜擢された。

江沢民の権力基盤を固める上で、中央軍事委員会における彼の影響力の強化が必要であった。江は八九年一一月に鄧に代わって中央軍事委員会主席に就任していたが、軍における経験もなく、当時の中央軍事委員会副主席(兼国家主席)の楊尚昆、弟で軍事委員会秘書長の楊白冰《ようはくひょう》に実質的なリーダーシップを握られた状態であった。鄧はこの事態を憂慮し、中共第十四回全国大会と翌年三月の第八期全人代第一回会議を経て、楊尚昆の政界引退、楊白冰の軍秘書長解任を決定し、そして鄧の息がかかり江沢民に近いとされる劉華清《りゅうかせい》を副主席、張万年《ちょうまんねん》を総参謀長に抜擢し、軍における江沢民の権力基盤を強化した。さらに同全人代で江は国家主席に就任し、党・国家・軍の三権を独占するに至った。

この時期、指導者として急速に評価を高めたのが朱鎔基副総理であった。上述の経済過熱は再びインフレを引き起こし、九三年には前年比一三・二%増、九四年には二一・七%増を記録するまでになった。また激化する投機活動、高マネーサプライなどによってバブル現象を引き起こし金融秩序が混乱した。こうした情勢下で朱鎔基は、経済部門の責任を担い、中央マクロコントロールを強めるために次第に辣腕ぶりを発揮した。彼は乱立した開発区に大なたを振るい、九三年末までに六〇〇〇以上あった開発区の九〇%以上を解散させ、インフラ建設に注ぎ込んだ投資を大幅に削減させ、さらに高金利政策を採って過剰に流動する資金を引き締め、九六年には前年比六・一%増までにインフレを沈静化させた。しかも、こうした政策は経済成長それ自体を鈍化させることなく、九二年から九七年までGDP成長率九―一四%を維持し続けたのである。朱鎔基はまた、社会主義市場経済を軌道に乗せるため、九三年一一月に中共十四期三中全会を開き、国有企業改革など近代的企業の確立、混乱した中央・地方の財政関係の立て直しを目指した「社会主義市場経済確立に関する決定」を提案し、翌年から実施に移した。その中には株式制度の導入、従来の財政請負制から中央税と地方税を分けて徴収する分税制の導入など、大胆な内容が盛り込まれた。

2 中国脅威論の浮上

急速な成長

経済成長の加速は、そのスケールが大きいだけに国際的に強いインパクトを与えた。巨大な中国が二桁台の成長を続けることによって経済大国化するという議論が登場してきた。中国の指導者たちも、経済成長に意を強くし、「世界最大の市場」を売り込み、積極的に外資や先進企業・技術の誘致を推進した。この時期の経済成長を他国と比較すれば、八〇年代の年平均成長率が、ECで二・三%、米国で二・六%、日本で四・二%、成長地域といわれたマレーシア五・七%、シンガポール六・六%、台湾七・六%に対し、中国は九・四%であり、九〇年代も一〇%前後の成長を持続させてきたように目を見張るものがあった。

急ぐ軍事力の強化と自己主張する外交

このような経済大国化への挑戦と並行して、九二年以降、二つの重要な変化が浮かび上がった。一つには軍事力の増強であり、二つには外交面での変化であった。八〇年代、経済発展最優先の鄧小平路線によって抑えられていた国防費が、前年比二桁台のペースで増加されるようになった。この増加について中国当局は、国防費はもともと低く抑えられていた上に、インフレによる目減り状況が生まれたためと説明してきたが、他の予算項目の伸び率と比べて突出していること、インフレが沈静化した後も二桁台の増加が維持されていることなどから、軍部への特別の配慮の跡がうかがえる。その理由を考えると、第二次天安門事件での国家体制維持における軍の重要性が再認識されたこと、江沢民が軍指導部を取りこむために軍の意向を受け入れたことの他に、大国化を目指す中国指導部の意図が見え隠れする。中国は九一年湾岸戦争で米国のハイテク兵器の威力を見せつけられた後、米国に部分的にせよ「対抗できる」兵器開発を重視するようになった。さらにこの時期から世界の核保有国間でモラトリアムになっていた「核実験」を再開し、世界世論の強い反対を押し切って九六年まで実験を続けた。

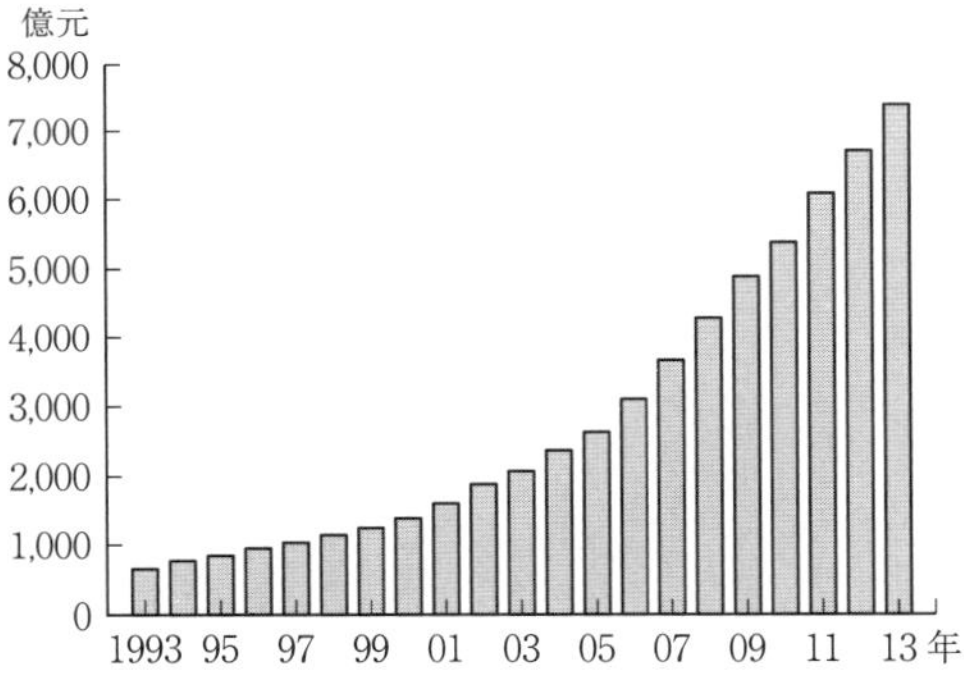

中国の国防費の推移
(出所)「朝日新聞」2013年3月5日付夕刊. 2013年は予算ベース.

　こうした軍事力の強化への固執とあわせ、注目すべき第二の点は、これまでもっぱら「守り」に入っていた外交で徐々に自己主張をするようになっていったことである。例えば、九二年二月の全人代常務委員会では、「中華人民共和国領海及び接続水域法」(領海法)が審議・採択されたが、それは日本との間で紛糾している「尖閣諸島」(中国名では釣魚島)、東南アジア諸国との間で対立している「スプラトリー諸島」(中国名では南沙諸島)などを一方的に「中国固有の領土」と記述し、法制化したものであった。さらに時期をほぼ同じくして、スプラトリーの幾つかの島嶼でベトナムあるいはフィリピンとの間で軍事衝突が起こった(南シナ海島嶼紛争)。鄧小平はこれまで「領土・領海」問題を棚上げし、経済協力の推進を優先したのであるが、それと比べよりアグレッシブな重大な変化が現れたといえよう。こうした動きに対して当然にも米国、東南アジア、さらには日本などで「中国脅威論」が台頭してきた。もっとも外交の基本方針は依然として、九一年に鄧小平が提唱していた「韜光養晦、有所做為」(能力を隠してやれることはやる)という慎重論であった。

対米関係の変化

さらに対米関係でも従来の対応から、微妙ではあるが重要な変化が始まった。九三年より米大統領に就任したクリントンは、ブッシュ前大統領に比べ人権問題、台湾問題により積極的で、最恵国待遇問題(MFN)、天安門事件再評価問題などをめぐり、中国としてはやりにくい相手であった。しかし、シアトルのAPEC(アジア太平洋経済協力会議)非公式首脳会談の折に、江沢民国家主席とクリントン大統領との個別会談が実現した。ここでの謳い文句が「世界最大の先進国と世界最大の発展途上国」「世界でもっとも影響力のある二つの大国」の会談であった。クリントン大統領と米国を持ち上げることで、これと対等に渡り合う江沢民、中国の大きさをアピールしようとする中国側の目論見が見えた。

さらにこのとき江沢民一行は積極的に米国財界人と会談し、大企業を視察し、中国が如何に将来性のある「世界最大の市場」であるかを訴え経済界との関係強化を図った。これを機に米中の貿易額は飛躍的に増大し始めた(前年比で、九三年が五八%増、九四年が二八%増と大幅な伸率を記録)。米国財界人は、人権問題や天安門事件に固執するあまり米中経済を犠牲にすることに明確に異論を唱えるようになった。図らずも翌九四年五月末、クリントンはMFNの延長を決定し同時に今後、人権問題とMFNをリンクさせないことを言明した。この時中国のある知識人は、米国財界人と政界人を「夷」に見たて「夷を以って夷を制する」伝統的な中国外交方式の勝利と評した。九五年から九六年前半にかけて後述する「台湾問題」で米中はきわめて深刻な対立に入ったが、ここでも中国は「独立自主外交」の自負をむき出しにして、少なくとも外交上米国に一歩も引かない姿勢を示し、その存在を強くアピールした。まさにこの時期、米国では「将来の米中衝突」を予測する書物が話題となったり、「中国封じ込め論」が台頭しはじめたのである。

3　鄧小平の死と江沢民体制へのソフトランディング

香港返還

一九九七年は一九七六年におとらず中国にとってきわめて重大な意味を持つ一年であった。まず二月に中国の「最高実力者」「近代化の総設計師」と言われた鄧小平が死去し、「ポスト鄧時代」が現実のものとなり、大きな混乱が起こるのではないかといった観測があらためて出された。七月には、「香港返還」が実現し、「一国二制度」下の香港がスタートした。この制度は本当にうまく機能するのか、社会主義中国の主権下に入った香港の繁栄は持続できるのかも争点になった。そして、九月にはまさに鄧小平という柱を抜きにして新たな指導体制と今後の基本路線を決定する中共第十五回全国大会が開かれたのである。その後の推移を見る限り、事態はきわめて順調に推移していったといってよいであろう。

鄧の死直後の三月一日からの第八期全人代第五回会議も予定通り始まり、淡々と議事日程がこなされ、次いで「香港返還」行事を迎えた。これはアヘン戦争以来徐々に英国に奪われ、一八九八年に完全に植民地化された香港の主権が中国に返還されるというビッグ・イベントであった。そのレールは一九八四年の中英共同声明によって敷かれ、その後、香港基本法の制定、英国総督に代わる特別行政区長官・董建華《とうけんか》の選出、臨時立法議会の組織化などによって返還の準備は着々と進められていた。しかし、その過程でとくに香港の民主化をめぐり、中国当局とパッテン総督、香港住民との間で深刻な対立が起こった。こうした対立は返還の直前まで続いたため、返還のレールが敷かれ準備は進められながらも、返還行事そのものの過程で不測の事態が起こらない保証はなかった。もし何らかの事件が発生し、行事のスムーズな進行ができなくなるとするなら、江沢民指導部の威信は大きく傷つくことになる。したがってそのような状況下での返還セレモニーは、江沢民指導部には重大な意味を持っていた。そして結果として、「平穏無事」にこの行事を乗り切ることができた。

江沢民のイニシアチブ

次に中国当局を待ち受けた試練は、九月に開催された中共第十五回全国大会であった。新たな指導部の選出と今後五年間の基本路線の確定準備は、実質的には九七年以前から始まっていた。例えば九五年の中共十四期五中全会において、「指導部の第三世代への移行は完了した」ということが強調され、十四期六中全会では、江沢民指導部は長老の了解を得ることなしに「独自に政策を決定できる」との秘密決議がなされ、鄧小平ら長老のタガがはずされた。他方で中共第十四回全国大会以後、「改革開放路線は一〇〇年は変えない」とこの基本政策の継続性が強調され続けた。中共第十五回全国大会の準備に関しては、九七年初頭から大会の最重要文件「政治報告」の起草委員会が組織され、時間をかけて各レベルに幾度か草案が降ろされフィードバックされ練り上げられ、また重要人事の根回しもこの頃から始められた。こうした過程で江沢民がどのような構想と手腕をもって舵取りをしていくのかが最大のポイントであった。彼の強みは、八九年の総書記就任直後のきわめて弱い基盤と浅い指導経験にもかかわらず、その後八年間トップの座について無難に問題を処理し経験と威信を高めていたこと、とくに先の中共第十四回全国大会を自分で手がけていたことである。しかも、すでにこの時「江沢民を核心とする」という党内合意がかわされていた。

　中共第十四回全国大会から第十五回全国大会の過程で、江沢民に対抗できる実力者が徐々に排除されていた。前述した楊尚昆・楊白冰兄弟の失脚に続いて、標的になったのが北京で長期に政権を担い独自の中央人脈を持っていた、市長の陳希《ちんき》同《どう》北京市党書記兼政治局員であった。彼は反腐敗・汚職一掃の大キャンペーンの中で根こそぎ権力を失い、代わりに六〇年代以来、江沢民と関係の深い賈慶林《かけいりん》が同市党書記に就いた。そして次に第十五回全国大会でどのような人事が進められるかが注目されるポイントであった。結果は江沢民の予想以上に強力なイニシアチブで指導部人事が進行していた。例えば、最大のライバルと言われた喬石の政治局常務委員・中央委員からの引退、内部に敵も多いが行政手腕の卓越した朱鎔基の党内ナンバー3兼総理への抜擢、軍指導部で劉華清の引退に伴い力の拮抗していた張万年と遅浩田《ちこうでん》のバランスのとれた配置（共に軍事委員会副主席で党政治局員就任）という巧みな人事調整、さらには八〇年代の「放権譲利」政策の下に力をつけ、八〇年代末ごろから中央のコントロールをしばしばはみ出した地方を再びコントロール下に入れるべく、江沢民・朱鎔基の息のかかった若手リーダーを大幅に地方幹部に配置したことなどが指摘できる。とくにこれまで地元出身で固めてきた広東省に、若手注目株の李長春《りちょうしゅん》を党書記として着任させたのは象徴的であった。さらに新政治局員に関しては、上記の軍の二人を除いて李長春、呉官正《ごかんせい》、羅幹《らかん》、賈慶林、温家宝《おんかほう》が、政治局員候補で曽慶紅《そうけいこう》、呉儀《ごぎ》が抜擢されたが、この中で李鵬に近い羅幹を除き、全員が江沢民もしくは朱鎔基系の人物と言ってよいだろう。以上のように、中共第十五回全国大会及びそれ以降の江沢民・朱鎔基を軸とする指導体制は、十四回全国大会に比べてはるかに安定したものになった。

実務テクノクラート江沢民

ところで、党と国家と軍の最高ポストを独占し、八九年の第二次天安門事件後の党総書記、そして中央軍事委員会主席の就任より一〇年を超えて最高ポストに君臨した江沢民とは、どのような人物であったのか。彼は一九四〇年代半ば上海交通大学を卒業し、五〇年代半ばモスクワの自動車工場に留学し、帰国以来一貫して実務テクノクラートの道を歩んできた。改革開放期に入り電子工業部副部長、部長を経て八五年に上海市長に、間もなく同市党書記に就任し、天安門事件を迎えることになる。電子工業部時代に唯一中央での活動経験を持つが、それも実務に限定されており、党・政治レベルでの中央における活動歴は皆無といってよかった。したがって、同世代ですでに政治局常務委員であった李鵬や喬石、李瑞環《りずいかん》らを飛び越えて江が党総書記に就任したこと自体驚きであった。では江沢民の指導姿勢は如何なるものか。彼が改革開放の積極的な推進者であったことは確かであるが、政治的には必ずしも開明的ではなかった。八九年五月、当時改革論調の新聞でもっとも有名な「世界経済導報」が、「胡耀邦逝去」特集号を組み、その中で急進的な政治改革が論議されていることを重大視し、一挙に廃刊に追いやったことがそうした姿勢を象徴している。

しかしまさにそのことが鄧小平の眼にかなったのである。鄧は経済の改革開放を推進しながらも、政治安定のために毅然として「民主化」を鎮圧できる人物を欲していたからである。九〇年代、中国民主党結党はじめ天安門事件以後の数々の民主化運動、気功集団「法輪功」の異議申し立ての動きなどを共産党体制を脅かす存在として、その芽から摘み取っていったのも江沢民の姿勢を表していた。同時に江は中央の党や軍、地方トップにおける自らの弱い基盤を徐々に強化するため、最初は慎重に、そして九〇年代半ば以降は大胆に、頻繁に人事調整を進めた。朱鎔基の総理、鄧小平が推薦した胡錦濤の江沢民自身の後継者への抜擢、上海、北京、広東など主要地方の掌握、軍指導部の掌握など、その経緯には彼の巧みさが窺える。

江沢民には、毛沢東や鄧小平のような強烈な意志で、文革や改革開放路線など強引に自らの理念や目標に人々を巻き込み、引っ張っていくような個性はない。そういう意味では傑出した指導者とは言えない。しかし、彼は重要政策決定における集団指導体制の調整者、利益代表者として振る舞うことによって、トップとしてのリーダーシップを発揮してきた。まさに当時のトップリーダーとして、中国はそうした人物を必要としていたのかもしれない。彼のもとで、朱鎔基、李鵬、胡錦濤らがそれぞれ役割分担をしながら、独自の個性を発揮する、そのような指導部の特徴が浮かび上がってくるのである。

4 空洞化する政治体制改革とその展望

改革と民主化

こうした指導体制の安定を背景として、中共第十五回全国大会の「政治報告」には、久々に「政治体制改革」への積極的取組みが明記された。しかしこれは中共第十三回全国大会の「党政分離論」をキーワードとした「政治体制改革案」の内容とは大きく異なって、党の絶対的指導を前提とした上できわめて穏健な改革案であった。例えば、既に九〇年代初めから民政部を中心に進められていた農村の村民委員会指導者を農民自身が選ぶ基層選挙の普及、全人代機能の拡充、省・市・県の行政指導幹部の選出に際して地域代表の意向を尊重するシステムの確立、公務員制度の推進などである。農村の基層選挙では、九八年春の段階で既に四〇〇〇万人の幹部がこの方式で選出され、九三万の村民委員会が選挙による幹部で設立された。同年末には「村民委員会組織法」が改正・採択され、制度的にもこの方式は一段と拡充された。全人代機能に関しては、九〇年代後半より全人代代表が党の方針に拘束されることなく地域や組織を代表して、積極的に自らの意見を主張する現象が目立ち始めていた。例えば、全体会議の最終日に行われる各部・委員会からの年度活動報告の採択をめぐる投票で、九七、九八、九九年と反対プラス棄権票が、全体の四〇％を超える場合も出てくるようになってきた。近代的な幹部システムの確立を目指して、九三年に「国家公務員暫行条例」が公布され、その後各地で試験的な実施が試みられた。

しかし、これらの漸進的な政治改革がどのような形で政治的民主化に連動していくのか。誰もが強く関心を抱くこの問題については、ほとんど道筋は見えなくなってしまった。それどころか第二次天安門事件以降の状況は一段と厳しくなっていった。中共当局は上記のような政治改革を試みる一方で、民主化につながり得るあらゆる芽を摘み取ろうと過剰なまでに神経を使っていた。例えば、九八年秋、国際的な圧力のもと、国連人権規約B条項（人々の政治的自由の保障を含む）の署名に踏みきったにもかかわらず、そのタイミングを図って全国各地で進められた中国民主党の結成申請に対しては、「共産党の指導」を了承していたにもかかわらず断固これを却下し、その上これに関わった主な指導者をことごとく逮捕・投獄し、なかには十数年に及ぶ実刑判決を下すほどであった。九九年、法輪功に対しては、少なくとも表面上は非政治的な社会団体であり、指導者たちも「政治的意図はない」と繰り返し主張していたにもかかわらず、現体制の転覆を企てる「危険団体」と断じて非合法化し、激しい弾圧を加えた。

政治体制の変容を全体的に眺めようとするならば、一方で経済的な近代化は比較的速いピッチで継続的に進行しており、それに伴ってとりわけ都市では市民社会化現象と呼ばれるような、人々の価値観、ニーズ、ビヘイビアの多様化が進み、農村でも市場経済による消費生活の大幅な転換など社会の近代化が広がった。これに対して、政治の多様化への要求も必然的に出たが、中共当局はこれを完全に封じこめた。それどころか共産党は「中華民族」の繁栄を訴えた中華ナショナリズムと「政治安定」の保証人であることを前面に出し、指導の正統性を補強した。経済発展が金科玉条である限りはこのイデオロギー的論理は一定の説得性を持つであろう。しかし、経済の発展は遅かれ早かれ、政治の多様化を促し、一面的で狭隘なナショナリズム・イデオロギーは説得力を弱める。政治的多様化を包摂する新しい政治システムが求められることは歴史の必然である。江沢民体制は、鄧小平指導体制からの移行のソフトランディングには成功した。しかし、彼らがしばしば枕詞にする「中国の特色ある」という形容詞をいくら用いても、権威主義体制から「独自の特色ある」民主主義体制へのソフトランディングは容易なことではなかった。

出口の見えない政治改革

5 朱鎔基・経済改革の正念場と安定成長への模索

市場化推進の見取り図

では中共第十五回全国大会以降の経済基本政策はどのように固められたのか。江沢民の「政治報告」では、国内的には近代化建設に全力をあげ、改革開放政策の継続を通して市場化をさらに推進するとされた。社会主義体制下で市場化を正当化する理屈は、市場も計画も経済発展の手段であるとした九二年の「社会主義市場経済論」である。そして社会主義市場経済を肯定する論理は、八七年の中共第十三回全国大会での趙紫陽「政治報告」に見られた社会主義初級段階論(第五章第4節)であった。

市場化は、中国自身を国際経済システムの中に一段と参入させていくことを意味する。指導部は、市場化を推進することによって非効率な旧来の経済単位・メカニズムを競争原理にゆだね、一定の淘汰を覚悟しながらも全体の経済効率を高める合理化を決意した。それ故にいっそうの対外開放の推進、WTO(世界貿易機関)をはじめとする国際経済機関への加盟など積極的な経済交流の拡大を図るようになった。そして市場化を深化させる鍵として、国有企業の本格的な株式化への取組みが中心の課題と位置づけられた。

ここでも、従来、株式は資本主義的方式と見なされていたのだが、「多様な所有制」という考えを導入し、国家が主導性を発揮できるだけ株を確保しているなら、その場合の「株式企業は社会主義」と規定している。このようにして、株式の積極的な導入を正当化し、実質半分以上が赤字といわれる国有企業を株式化し、企業経営体としては、全面的に外資を導入した独資企業や、中国と外国企業との合同経営の合弁企業などに切り替えていく方針が打ち出された。もちろん、国有企業改革も外資の積極的な誘致も、WTO加盟問題も現実には必ずしも理屈通りにはいかなかった。しかし基本方針の上では、きわめて明確な取組みの見取り図が提示された。

朱鎔基が経済部門の総責任者になって以来の経済改革の特徴を、鄧小平改革と比較して述べるなら、鄧時代は最も社会主義的と言われる国有企業、公有制、計画経済など体制の内側の改革を後回しにして、農村改革や外資系企業、個人企業の発展などを主としたいわゆる「体制外改革」であった。これに対し、朱鎔基が取り組んだ改革はまさに社会主義経済の「本丸」「内側」に手をつけることであった。すなわち国有企業改革、金融改革、所有制改革、社会保障改革などで、文字通り「体制内改革」である。しかも九七年末の二つの全国的な経済工作会議で、彼は「国有企業改革と金融改革は三年以内にめどをつける」との強気発言を繰り返した。これに加えて行政改革も三年内をめどに、「職員を原則的には現状の半数にまで削減する」と断言した。経済成長を維持しながら物価抑制を実現し経済の軟着陸に成功した自信からすれば、単なる願望表明、ほら吹きと言ってすますことはできまい。しかし個別の経済、および経済に絡む社会情勢は着実に深刻さを増すことになった。

国有企業改革

第一のネックはやはり国有企業の停滞であった。九四年の中国全国有企業の負債総額は三兆一一〇〇億元に達し、純資産額はわずか一兆三〇〇億元しかなかった。また国有企業の赤字も、九三年が三〇%の企業で四八六億元であったのが、年を追って着実に増加し、九七年には三九%の企業で七四四億元に膨れ上がった。言い換えるなら、国有企業それ自身はすでに債務返済能力がないだけでなく、確実に赤字を膨らませていた。国有企業の赤字に関連した国有銀行の不良債権も九七年で一兆元に達し、GDPの一五%に相当する規模になっていた。

これに対して政府当局は、九八年に国有企業改革にしぼった特別国債を一〇〇〇億元規模で発行し、不振企業の吸収合併に利用した。「国有商業銀行が抱える不良債権を九八年内に五〇〇億元、九九年に六〇〇―七〇〇億元償却し、銀行経営の健全化を加速する」(戴相竜《たいそうりゅう》中国人民銀行総裁)と表明した。これらを柱として国有企業の株式化、合理化が進んだのである。

しかし、本当に国有企業改革問題を抜本的な解決に向かわせることができたのか。当時の重大な問題は、①資金問題、②企業の赤字から黒字への転換問題であり、これと絡んで失業問題が深刻であった。①資金問題では、確かに政府融資は重要であるがそれだけではかなり不十分であり、大規模な外資・香港資金の導入が不可欠になる。しかし後述するようにバブル経済の破綻、アジア通貨危機などによって、外資・香港資金が中国国内に十分入ってこなくなった。そうなると国有企業改革も必然的にペースダウンを余儀なくされる。②企業の黒字化の問題では、アジア通貨危機以降続く輸出不振の逆風の中で、黒字企業への転換を短期間に実現させることは相当に厳しかった。改革開放、高度経済成長を引っ張ってきた広東省が、九七、九八年と大量の不良債権を抱え、輸出不振、深刻な経済低迷に陥った。こうした中で、黒字に転化できる優良企業はかなり限定されたものであった。これらを合わせ考えてみると、国有企業の黒字転化はそもそもかなり厳しい課題なのであった。

失業問題

第二のネックは国有企業問題とも絡むが、レイオフ(半失業者)を含む失業問題が深刻になっていたことである。全国七一の都市のサンプリング調査によれば、国有企業のレイオフ従業員は九六年末で八九二万人、九七年前半ですでに一〇〇〇万人を超えていた。さらに失業者は公式発表で三・三%、六六〇万人(九八年)であったが、非公式数字では一〇〇〇万人を超えていたという報告もある。こうした数字を総合的に見るならば、都市の失業および半失業者は二〇〇〇万人前後に達し(労働部は二三〇〇万人と発表)、労働者総数一億八四〇〇万人中の約一四%をも占めることになる。これに一億五〇〇〇万人前後と見積もられる農村の潜在的失業者(余剰労働力)を加えると膨大な数に達し、さらに当時は一九九五年から二〇一〇年の間、労働力人口は毎年平均一四五〇万人増加すると言われ、それに対応した雇用創出が求められていた。上記の数字はいくらか誇張されているとしても、すでに失業は重大問題になっていたことがわかる。

では失業対策はどのようなものであったのだろうか。上述の七一都市の調査では、リストラの対象者で再就職できた労働者はわずか二六％にとどまっている。また大量の余剰労働力を抱える農村では、彼らを吸収してきた最大の生産機構は郷鎮企業であり、すでに総従業員は一億五〇〇〇万人に達していたが、九〇年代後半には労働力吸収は飽和的状況にあった。外資が十分に入らず、輸出鈍化の状況が続けば、国有企業の合理化、黒字化も容易ではなく、それだけ失業問題は深刻になる。しかもそれは単に生活保障問題にとどまらず、社会治安の悪化を促す最大の要因となる。社会主義企業の改革がまさに「陣痛」とも言うべき状況に来ていたのである。

朱鎔基改革の行方

朱鎔基の経済改革の特徴は、従来の社会主義経済システムに大なたを振るい構造転換に向かわせることであったが、その特徴は中央のマクロコントロールと同時に、国際経済インパクト、いわゆる「外圧」の積極的利用を重視しているところにもあった。マクロコントロールに関しては、分税制の施行や、その実施に際して幾つかの地方指導部人事の入れ替えや交渉を通じたコントロールの強化、大量の国債発行による中央重点政策の浸透などによって、八〇年代の地方主導状況は大きく変わった。国際経済インパクトの積極的利用は、とくに外資の導入と外資系企業の中に現れた。とりわけ鄧小平の「南巡講話」以来、中国向けの大規模な直接投資が進み、九一年には実行ベースでわずか四三億ドルだったのが九二年には三桁台にのり、九八年四五六億ドルと増加し、投資受入国としては九三年以来、米国に次いで世界で二位となるほどであった。

しかし、九六年より海外からの投資は直接契約ベースで減少しはじめ、九六年が前年比二〇％減、九七年が三〇％減と大幅に落ち込んだ。九八年はやや持ち直したものの、停滞傾向にあった。他方、外資系企業の伸び率は八〇年代から九〇年代を通してめざましいものがあり、八〇年代初頭のほとんどゼロの状態から、八五年には二八二社、従業員七・八万人、生産額の全工業生産に占める比率〇・三％、九五年には五万九三一一社、生産額の全工業生産に占める比率一三・一％と急増し、さらに貿易面では外資系企業のシェアは輸出の三一・五％、輸入の四七・七％を占めるまでになり、中国経済の発展に不可欠の存在となっていった。

九七、九八年のマクロ的な数字では、GDP成長率、貿易総額とりわけ輸出総額、投資伸び率など減速傾向にあったとはいえ、他の先進国、途上国と比べ依然として七－九％の高い経済成長率、五％以下の低物価上昇率、さらに続く貿易黒字など全体的には経済状況は決して悪くはなかった。したがって朱鎔基が掲げた「三年以内に主要改革のめどをつける」ことは容易ではなかったが、中国が着実に経済パフォーマンスを増大させ、二一世紀中頃あたりには「経済大国」の仲間入りをする可能性は十分にあった。その大きなカギを握っていたのが次章で見ていく「WTO加入」であった。

6 混迷する台湾問題と米中の接近

中台経済交流の始まり

一九九〇年代に入り「台湾問題」は両岸関係としても、国際問題としてもきわめて重要なイシューとして浮上してきた。七一年に台湾の国連「脱退」、七二年に日台関係の断絶、七九年に米台関係の断絶があり、それらを経て八〇年代は「共通の敵ソ連」を意識した米中友好協力が進み、台湾はもっぱら内向きに経済・政治建設などに取り組んだ。こうした動向のために「台湾問題」はほとんどホットなイシューとならなかった。

しかし、八八年に蔣経国から権力を引き継いだ李登輝は、後述するように一方で政治体制の民主化、中華民国の台湾化を進めた。他方で力をつけた経済力を背景に、国際空間の拡大に乗り出した。中南米やアフリカの貧しい小国は台湾の経済援助を受け入れ「国交関係」を樹立し、さらに東南アジア諸国などにも非公式の形で台湾の指導者が訪問するようになった。おりしも第二次天安門事件の後遺症で中国イメージは悪化しており、国際的な台湾の「株」は急上昇していった。

中台関係自体も、八八年から非政治レベルでの交流が始まり、双方とも関係を発展させる了解のもとに、九〇―九一年に、台湾側では総統府に国家統一委員会、行政院に大陸委員会、民間団体として海峡交流基金会(会長、辜《こ》振甫《しんほ》)が設立され、ほぼ同じ時期に中国側では中共中央に台湾問題指導小組、国務院に台湾事務弁公室、民間団体として海峡両岸関係協会(会長、汪道《おうどう》涵《かん》)が設けられた。双方の交流は経済を中心に急速に活発化し、九二年に香港において両団体の間で「一つの中国、各自が表現(一個中国、各自表述)」で合意したとされた。翌九三年四月には双方の民間団体のトップ、辜振甫と汪道涵両会長の会談がシンガポールで実現した。両者は九五年の春に再び北京で会談することに合意し、継続的な関係強化の道が敷かれたかに見えた。しかし、米国が絡んで中台関係はやがて緊張することとなる。

台湾をめぐる米中関係

米国は七九年、国家としての台湾との関係を断絶して以来、米国国内法として採択した「台湾関係法」によって非政治的な現状維持政策を続けていた。が、九〇年代に入って台湾への関与が強まった。九二年の大統領選挙の最中、ジョージ・ブッシュ大統領は最新型戦闘機F16を一五〇機、台湾に売却することを決定した。九四年九月、クリントン大統領は突如「台湾関係の格上げ」を決定した。そこには可能性として台湾最高指導者の私的な入国を認めうる内容も盛り込まれていた。中国政府はこれらに強く抗議した。しかし九五年六月には、非公式ではあるが李登輝総統の米国訪問が実現し、「中華民国」の存在を強くアピールした。このため中国は李登輝と米国に激しく抗議するとともに、予定されていた汪道涵・辜振甫会談をキャンセルし、さらにその夏より翌九六年三月の台湾総統直接選挙まで、台湾近海で断続的に軍事演習を繰り返し「台湾独立」ムードを激しく威嚇した。とりわけ三月の選挙時の軍事演習は激しく、これに対して米国政府は二隻の空母を台湾海峡に派遣し、中国軍を牽制する行動に出た。台湾問題は双方が好むと好まざるとにかかわらず、米中関係の重大懸念事項であることが示されたのである。

その後、米中関係は改善に向かい、また江沢民指導体制の確立もあって、中国の台湾政策は「威嚇」から「話し合い」重視の方向に大きく転換した。九八年五月に開かれた中共中央台湾工作会議では、九五年一月の「中国人同士戦わない」などを内容とした「江沢民八項目提案」を再確認した上で、「台湾同胞の心情を深く理解する」「台湾人民の利益と願望を配慮する」「一つの中国を前提にあらゆる問題が討議できる」といった、より柔軟な方針を打ち出した。同年一〇月には、延びのびになっていた第二回汪道涵・辜振甫会談が北京で実現した。双方の異なった現状認識、アプローチが示されながらも「統一」に向けての前向きな姿勢が打ち出され、九九年の第三回会談も日程に加えられた。江沢民も汪・辜会談の後、辜振甫と個別に会談し、相互理解は大いに深まったかに見えた。

しかし九九年七月、李登輝は外国ジャーナリストとの会見で「中国と台湾の現在の関係は国家と国家の関係であり、少なくとも特殊な国と国との関係である」(両国論)と、従来の「二つの対等な政治実体」というやや曖昧な概念から一歩踏みこんだ表現を行ったのである。中国当局はこれに最大の言辞で反発し、「李登輝は汪兆銘と同列の大漢奸〔売国奴〕」とまで罵倒するようになった。中国軍部からの威嚇的な発言と軍事的な挑発が繰り返されるようになった。中台関係は一挙に冷え込み、秋の第三回汪・辜会談も再び延期を余儀なくされた。

九〇年代の変化

では九〇年代の台湾問題をどのように理解したらよいのか。中国当局はこれまで台湾問題発生の原因を、①歴史問題と②国際問題によるものと主張し続けてきた。

歴史問題とは、一八九五年の日清戦争終結時に日本への台湾割譲(中台分断)を余儀なくされたことを指している。国際問題とは第二次大戦後、本来、日本の敗戦に伴い台湾は自然と中国に復帰するはずであったのが、当時の国際的な冷戦に巻き込まれ、台湾が「反共の前進基地」として米国の強力な支援を受け統一が阻害されたことを意味する。中国側がこのように主張する時、あくまで台湾問題は外在的要因によるものであり、したがって特に日本と米国の介入という要因が取り除かれれば台湾問題は決着する、日本と米国には「特別の負債がある」のだから台湾問題には介入するなとの含意があった。これは確かに一定の筋が通った主張である。しかし、九〇年代の台湾問題を見てみると、必ずしも中国の言うような主張では片付けられなくなっている。

日本も米国も「一つの中国」政策を支持し、平和的に中台問題が決着することを歓迎している。にもかかわらず台湾問題は、重大問題のままである。最大のポイントは台湾問題の主要な要因がすでに「外在的なもの」から「内在的なもの」へ移行したことにある。内在的要因とは、経済発展に伴う社会構造・意識の変化、国際プレゼンスの増大を基盤にした、①中華民国の台湾化、②台湾人意識(アイデンティティ)の形成、③民主体制への移行(民主的手続きによる政権の正統性の獲得)、である。中華民国はこれまで全中国を代表する政権で、いずれ本土大陸に復帰すると言い続けてきた。しかし台湾統治半世紀を経て、大陸を直接知らない外省人(国共内戦期以降、大陸から台湾に移住した人々)二世、三世が多数を占めるようになり「全中国を代表する中華民国」は風化してきた。こうした現実に合わせて中華民国を「台湾を統治する国家」へと位置付け直す試みがなされてきた。

そしてそれを心理的に支えたのが台湾人意識の台頭である。蔣経国が、その晩年に「私ももはや半ば台湾人である」と発言したことは有名である。果たして八八年から始まる中台交流は、確かに経済的には両者間に深い絆を作ったが、台湾の人々の中に「中国とは違う我々意識」を大きく育てたことは疑いない。それは「台湾自決」を党の綱領としてきた民進党支持勢力のみならず、国民党系の中においてさえである。九九年初め台北市長選で激しい選挙戦の末、民進党の陳水扁《ちんすいへん》に勝利した国民党候補・馬英九《ばえいきゅう》のアピールは「新台湾人」の団結であった。中国との平和的関係は望むが、中国イニシアチブの中台統合は拒否、台湾人の自立・尊厳こそ、中台対話の前提というのが彼らのスタンスなのである。九九年七月の「中台は特殊な国と国との関係」との李登輝発言はまさに台湾人のこうした感情に支えられたものであった。そして、こうした心理を制度的に固めていったのが民主化プロセスであり、その制度上の完成段階が台湾総統の直接選挙であった。これにより台湾住民は、現政権に対して外来政権ではなく自ら直接選択した政権という感情を強く抱くようになったのである。

歴史・国際問題としての新たな意味

台湾問題は中国がこれまで言ってきたこととは全く別の意味で、歴史問題、国際問題になりつつある。かつての歴史問題とは、日本の植民地統治に絡むものであった。しかし新たな歴史問題の性格は、「主権国家」「独立」といった問題自体が歴史的概念であり、台湾問題はこの側面を強く持ち始めているという事実である。すなわち、ある地域がその地域内での一定の手続きを経て合意し、かつ国際的な認知を得るならば、その地域が一つの「主権国家」として成立することは可能だという主張は、歴史的事実としても、理論的にも可能である。古くは「米国の独立」、新しくはソ連解体に伴った数々の共和国の独立などがその事例であり、台湾問題はこうした性格を「内在的」に持ち始めているということである。国際問題とは、これまでは冷戦体制の中で台湾問題が位置付けられていたが、今日では国際経済に深くリンクしていると同時に、アジア太平洋地域の「国際秩序」「平和と安定」にとっても台湾が一つのキー・プレイスになりつつあることである。もし台湾をめぐって深刻な「紛争状況」が発生したとするならば、それは中台関係の不安定化のみならず、日中関係、米中関係も一挙に不安定化し、さらには日本と東南アジアを結ぶ地域の不安定化などに連動していく。アジア太平洋地域の流動化と米国・日本の何らかのコミットメントは避けられないだろう。

無論、台湾をはじめ中国、米国さらには日本もこの間かなり相互学習をしてきた。例えば、九六年の台湾海峡危機の際には、台湾が「独立」、中国が「武力行使」、米国も「反撃」といった強行に出れば相互に多大なダメージを受ける可能性が高いと学習し、その後相互の微妙な自己抑制的対応が見られた。全体的な流れとしては、中台双方が依然、大きな隔たりを持ち曲折しながらも平和と対話を重視するようになってきた。そして、そうであり続ける限り、日本も米国も現在の現状維持的な平和の枠組みを尊重し見守っていくだろう。二〇〇八年以降、国民党・馬英九は政権を奪回し、中台の経済交流は大いに発展し、さらに「一つの中国、各自が表現」という合意の下で、この枠組みは一層強まっていった。

積極的な大国間交流

九七年九月、中共第十五回全国大会を乗り切り国内の指導体制を確立した江沢民は、その直後から国際関係の本格的な調整に取り組み始めた。その最大のイベントが、同年一〇月末、江沢民自身の訪米、クリントン大統領との首脳会談であった。九月初旬の橋本龍太郎首相訪中、一一月の李鵬総理来日で日中関係の友好・協調の枠組みを確認する一方、台湾問題でこじれていた米中関係の本格的な調整に入った。この会談を通じて、二一世紀に向けて米中両国は相互尊重・信頼醸成を強め「建設的戦略的パートナーシップ」を目指すことを確認した。そして米中会談の直後には、エリツィン大統領を迎え中ロ首脳会談を実現し、さらに一二月中旬、クアラルンプールで開かれたASEAN(東南アジア諸国連合)プラス日中韓首脳会談に江沢民自らが出席し、関係の強化を謳った初の中国・ASEAN共同声明を発表した。四四年ぶりに開かれた韓国・北朝鮮・米国・中国の朝鮮半島をめぐる「四者会談」でも、中国はその調整役としてのイニシアチブを発揮している。そして翌九八年六月には、クリントンを中国に迎え前年のパートナーシップを確認し、かつ同大統領から台湾問題に関する「三つのノー」(二つの中国、台湾独立、主権に絡む国際機関への台湾の参加に対してノー)を引き出すことに成功した。その年の一一月には江沢民が日本を訪れ、歴史問題に対する中国側の毅然とした姿勢を強調した。さらに九九年四月に朱鎔基総理の訪米、七月には小渕恵三首相の訪中と大国間交流に積極的であった。

こうした交流を通して中国はその国際的プレゼンスを高めたと同時に、二一世紀の国際秩序形成に向けて様々の布石を打っていたことは確かである。とりわけアジア太平洋地域において国際枠組みの問題を考える時、日米のプレゼンスは言うまでもないが、ASEAN、ARF（ASEAN地域フォーラム）からAPECにつながる国際地域機構の発展と同時に、中国が実質的なビッグ・プレーヤーとして台頭してきたことを重視しないわけにはいかない。しかも国際秩序形成にもっとも積極的なのは「唯一の超大国」である米国と、「次の超大国」を目指す中国である。

米国防総省の「東アジア戦略報告」（九八年版）は「米国の意図するところは、強固な米国の関与、海外展開、同盟の強化という政策を維持することによって不安定要因を弱めることだ」と力説した。そしてそのためには、①民主化・市場化を軸としたグローバリゼイションの推進、②ハイテク技術・情報産業の積極的開発による世界のリードを図ることと同時に、③「次世紀においても、米日同盟は、米国の地域安全保障政策の要となる。ガイドライン（日米防衛協力のための指針）の完全で効果的な実施が大きく貢献する」と日米基軸を重視している。その上で、④対中国関係を以下のように見通していた。「二〇二〇年に国民総生産で中国が米国を追い抜いたとしても、一人あたりでは米国の約四〇％で、情報技術力の差などもあり、米国は経済、軍事の両面で中国よりも優位に立ち続けよう」「現状では、中国は近隣諸国にとってもさほど脅威には見えない。対中包囲網は形成できない上に、将来的に中国を敵に回す」と中国封じ込めを否定した。「米日の同盟関係が強いから米も日も対中関係改善を図り、中国に責任ある大国を求めることが可能である」(ジョセフ・ナイ、「産経新聞」九八年七月一七日)、そして「中国を世界の仲間に入れれば入れるほど、中国に変化と自由をもたらすことができる」(クリントン、九九年「一般教書」演説)と明確な関与政策を主張していたのである。もちろん「中国の成長が東アジアを混乱に陥れることを米国が恐れているのは確かだ」(サミュエル・ハンティントン、「読売新聞」九九年一月六日)といった対中警戒感が根強く存在していたことも事実である。

中国の展望する国際秩序

これに対して九〇年代末、中国はどのような国際秩序形成を展望していたのだろうか。単純化するならば、中国は国際秩序を支える基本枠組みを幾つかの大国(極)が作り出すある種の均衡的な関係から捉え(極構造論)、冷戦後の国際社会は多極化へ向かっていると見なしていた。この考え方は後述する二〇一〇年頃の「G2論」と明確に異なっている。こうした多極化論は、上記の米国中心の現状維持的国際秩序観(一極支配論)にたいする一種の挑戦を含意していたと言えるかもしれない。そして大国間の総合国力によるパワー・ゲーム、国際影響力の争奪戦は避けられないと認識した上で、中国自身がその主要極になることを強く志向していた。この頃から経済力のみならず、「天下泰平・善隣友好(「親仁善隣」)の優れた歴史的文化的伝統を継承・発揮させよ」(「国防白書」九八年)、「中国は外交において文化戦略を大いに活用し中華文明を広めるべきで、それによって東アジアひいては世界の中国に対する不信感を解消するべきである」(方拍華、『中国外交』人民大学復印報刊資料、九八年一月の発言)といったように、伝統的パワー、文化的パワーを含む、文字通り総合国力の向上を主張する声も聞かれるようになった。「多極化の発展に適応するために、世界各国とりわけ諸大国は互いの関係調整や国と国との相互協調と協力の強化を考えている。このことは国際情勢の緩和、安定にとってプラスになる」(唐家璇、「北京週報」九八年五二号)。「アジア太平洋地域における多極化の趨勢は加速的に発展し大国関係は戦略的調整が行われた」(国防白書)。

大国化志向の課題

しかし中国が大国化の志向を強めれば強めるほど、超大国・米国との関係を意識し、強い協調志向と強い反発志向の間を揺れ動くことになる。二度の江沢民・クリントン会談ではあれほどまでに「建設的戦略的パートナーシップ」を謳いながら、ほぼ同時期に「覇権主義と強権政治は依然として世界の平和と安定を脅かす主な根元」(国防白書)と、米国への強い不信感をむき出しにしていた。そしてそうした「揺れ」の間に、台湾問題が浮いたり沈んだりしているのである。また米国への不信の線上で「軍事ブロックの拡大と軍事同盟の強化は国際安全に不安定の要素を増やす」と日米同盟の強化が強く批判された。米国中心秩序に対抗する論理として、中国はこの間「いかなるブロックも同盟も作らず、国の大小を問わず、平和共存五原則の下に公正・平等かつ合理的な国際政治・経済新秩序を確立する」ことを提示してきた。

確かにこの論理は、自分より「強い」米国と対抗し、他の国と連携しようとするときに一定の説得力を持っている。しかし、自分より「弱い」国との関係を考えるとき、他方で実質的に大国化を強めている中国自身に、この論理が跳ね返ってくるのである。二一世紀に突入する中国は、まさにこうした課題が問われていたのである。

第七章　「中華民族の偉大な復興」への邁進

「躍進する中国」を演出した胡錦濤(右)と温家宝(左)．写真提供：AP/アフロ．

1　持続する経済成長と経済構造の変化

党指導者の予測を超える勢い

改革開放路線の推進によって高度経済成長を実現した中国は、二一世紀に入ってもその勢いを衰えさせることなく邁進した。二〇〇一年の第九期全人代第四回会議で朱鎔基総理は、二〇一〇年のGDPを二〇〇〇年の倍増にするとの目標を提示した。さらに二〇〇二年の中共第十六回全国大会における江沢民の「政治報告」の中では、二〇二〇年のGDP目標を二〇〇〇年の四倍増にするとの野心的とも思われる数字を公にした。二〇〇〇年のGDPが一兆ドルを超えたことから、二〇一〇年の目標は二兆ドル余り、二〇二〇年の目標は四兆ドル余りという数値目標を示したのである。二〇〇〇年における日本のGDPが約四兆七〇〇〇億ドルであったことから、二〇二〇年頃には日本の経済規模に追いつくのを目標にしていたことがうかがわれる。

戦後の日本を先頭にして、NIEs、ASEANなど雁行的に経済成長を実現してきた国々は、外資を利用し、安価な労働力をフルに活用し、労働集約型の製造業を拡大し輸出を振興することを発展のパターンとしてきた。しかし、それはある段階で「成長の天井」にぶつかることになり、そこからいかに脱却するかが次の段階の課題となる。その意味では中国も同じ道をたどっているように見えた。二〇〇〇年前後の時期は、前章で見たように、「成長の天井」にぶつかる条件が増え始めてきていた。

しかし、その後の成長の速度はとどまるところを知らず、平均一〇％を超える勢いで進んだ。はやくも二〇〇五年にはＧＤＰが二兆二五七〇億ドルに達し、先述した朱鎔基の目標を繰り上げて実現した。二〇〇八年には四兆五二〇〇億ドルとなり、二〇二〇年の目標を突破した上で、二〇一〇年には五兆九三〇〇億ドルに達し、あっという間に日本を超え、世界第二位の経済大国となった。二〇一二年のＧＤＰの伸び率は前年比で七・八％と若干ペースダウンしたが、それでも依然として高度成長を続けている。これは歴史上、前例のないケースであった。

ＷＴＯ加盟の効果

なぜこのような経済成長が可能であったのだろうか。まず、①成長戦略が継続している、②安価な労働力がなお大量に存在している、③欧米日や海外華人からの投資が続いている、といった成長の基礎的条件が存在していたことが挙げられる。ただし、その上でさらに新しい条件が付加されたことを指摘しなければならない。二〇〇一年のＷＴＯ加盟の実現である。

中国の加盟承認は、一九八六年、ＷＴＯの前身であるＧＡＴＴ（関税および貿易に関する一般協定）に加盟申請をして以来、足かけ一六年の歳月をかけての成果であった。ただし、ＷＴＯへの加盟は中国にとって、一定の猶予期間は与えられたものの、貿易権の自由化、輸入割当の原則撤廃、投資制限措置の削減など貿易関連制度の改善、二〇一〇年までに全生産品目の大幅な関税引下げの実施、流通、金融サービスの自由化など、国内経済の枠組みを国際経済に強くリンクさせる大転換を迫られるものでもあった。それが、依然、改革の足枷となっていた社会主義の計画経済制度を、外部圧力によって大胆に打ち壊す重大な契機となったのである。

ＷＴＯ加盟の効果は、まず海外からの直接投資の急増に現れた。直接投資はもともと、一九九二年の鄧小平の「南巡講話」以来、増加していた。それが、二〇〇一年には米国を抜いて世界一の直接投資受入れ国になり、〇三年には実行金額が過去最高の五三五億ドルを記録、さらに〇四年には六二〇億ドルにまで増えた。外資企業数は、累計で五〇万八九四一社に達した。まさに中国経済のダイナミズムは外資主導で加速されたといえる。

このように外資が急増していくのと並行して、経済社会の構造に大きな変動をもたらしたのが、内陸部に住む農民の沿海地域への大量移動である。安価な労働力の大量移動は一九九〇年代にはすでに始まり、「盲流」と呼ばれるようになっていた。それが、二〇〇〇年代に入ってから本格化、恒常化し、二〇〇八年の時点で一億四〇〇〇万人前後、二〇一一年前後には二億六〇〇〇万人の規模にまで膨れあがった。彼ら／彼女らは「農民工」と呼ばれ、賃金格差、教育・医療保障の対象外扱いなど、新たな社会問題を生み出す要因にもなっている。

WTO加盟に伴って、もう一つ、経済構造の重大な変化が見られた。いわゆる社会主義体制下の国有企業の改編である。一九九五年以来、「抓《ジュワ》大《ター》放《ファン》小《シャオ》」(大企業は国家が掌握・小企業は市場に任す)政策の第一段階として、国有企業の戦略的リストラが始まっていた。一九九九年にはWTO加盟に備えて、第二段階として「国有企業改革と発展の若干重大問題の決定」がなされ、国有企業財産権制度の改革が大胆に推し進められた。さらに二〇〇三年からは、国際競争力の向上を目指して第三段階に入り、国有資産管理委員会が設立され、国有資産の運営と管理の統括、国際基準に合った企業統治への改革が始まった。こうした一連の改革により、国有企業の数は、一九九八年の二三・八万社から二〇〇三年の一三・六万社に大幅減少し、国有総資産は逆に一三・五兆元から一九・七兆元へと増加した。

党自身の新定義＝三つの代表

こうした積極的な資本主義導入戦略を政治の面で強化したのが、共産党自身の新定義であった。二〇〇一年の建党八十周年記念日、江沢民はその「七一講話」の中で、共産党を先進的生産力、先進的文化、最も広範な人民の利益の代表という「三つの代表」と定義し直した。従来、党は自らを「労働者階級の前衛」と規定していたが、江沢民の「三つの代表」はそれにとどまらず、改革開放、市場化の進展により多様化する社会階層、特に経済発展の推進力となってきた私営企業家やIT文化の担い手などを積極的に党に取り込む姿勢を示す、大胆な試みであった。

こうした党自身の新定義は、二〇〇二年の中共第十六回全国大会で正式に採択され、党は従来の階級政党路線を放棄し、国民政党色を強めていった。中国共産党はその後、経済成長の受益層の意向を反映する「エリートの党」に変質しつつある。

そして、「抓大放小」を支える党・国家によって、やがて大型国有企業、特に各種エネルギー部門、ハイテク部門、鉄鋼など、基幹産業部門における国際競争力が強化され、中国の経済的躍進はより一層加速することとなった。ただし、そうした経済的躍進の一方で、国有株主が強くなりすぎ、中小株主等の利益を浸潤し、民営化を余儀なくされた中小企業の企業統治が正常に機能しなくなっているという新たな問題も生まれてきている。この問題は、一九九〇年代の「国退民進」の状況と対照的に、「国進民退」(国有経済の増強と私有経済の後退)への転換として特徴づけられる。

拡大する格差問題

急激すぎる経済発展と「国進民退」の国家資本主義は、「先富論」政策によってこれまでにも発生していた格差問題、環境汚染をより大規模で深刻なものにしていった。まず格差問題から見ておく。

公平な富の分配よりも経済成長を優先する政策、安価な労働力を比較優位として乗り出した国際競争力の強化は「弱肉強食」の社会傾向を強め、その結果、貧富の二極化、格差拡大を推し進めることとなった。米国の調査報告によれば、二〇一二年、中国で貧富の格差が重大問題と答えた人の割合は四八%に達し、また八一%の人々がここ数年で二極化は一層進むと回答している(ピュー・リサーチセンター、二〇一二年三月一八日—四月一五日、中国人三一七七人のインタビュー調査報告)。

所得格差を示す重要な指標であるジニ係数を見ても、二極化傾向は鮮明である。例えば、一九八八年には日本が〇・二九〇、中国が〇・二九八と、格差はほぼ同じ状況であった。それが二〇〇四年には、日本が〇・三〇八に対して中国は〇・四一六と、両者の差は鮮明になった。二〇一二年には国家統計局が一二年ぶりにジニ係数を発表したが、その数値は〇・四七四であった。一般に、ジニ係数が〇・四を超えると、社会不安が顕在化するといわれている。〇・四七四でも深刻な数値であるが、同年一二月、中国人民銀行などの調査をもとに専門家が発表した数値によれば、二〇一〇年には〇・六一に達していたという。

格差問題は個人所得にとどまらない。とりわけ都市と農村の格差、および沿海と内陸の格差の問題が重大である。中国の農村は長きにわたって低迷し、貧困の代名詞となってきた。一九九〇年代の末には「三農問題」と表現されるようになり、党の年始の重要指示として知られる「第一号中央文件」では、毎年この問題が第一に提起されてきた。

「三農問題」とは、「農業」の低生産性、「農村」の荒廃、「農民」の貧困のことを指し、経済社会の持続的発展を脅かす不安定要因といわれる。一九八五年には都市住民一人当たりの賃金は六九〇元、農村一人当たりの純収入は三九七元で、両者の格差は一・七四対一であった。それが、二〇〇五年には、都市一万四九三元に対し、農村は三二五五元となり、その格差は三・二二対一に拡大した。もっともその後、大量に都市に流入した農民工の仕送りなどによって農村の収入が伸び、都市と農村の格差は縮小傾向に転じている。

三農問題

「三農問題」に対して、胡錦濤・温家宝政権はそれなりの努力を試みた。例えば、二〇〇五年には、農業税の撤廃、農村義務教育の農民負担の撤廃などが実現された。しかし、働き手の多くは農民工として都市に流れ、農村での農民の増収が困難な上に、最低生活費・養老保険といった社会福祉制度からも排除されていた。さらに、この時期、西部大開発をはじめ内陸開発が本格化し、地元政府と結託した不動産業界による暴力的で廉価な土地収奪が頻発し、生活の糧である土地を失う者も急増するようになった。

農村における農民の集団的な抗議行動は、こうした厳しい現実を背景として頻発するようになった。ちなみにその数は、公安当局発表でも二〇〇四年に七万四〇〇〇件、二〇〇五年で八万七〇〇〇件であった。ということは、全国のどこかで一日に二三八件余りの集団抗議行動が発生していることになる。以後、公安部は数字を発表しなくなったが、二〇〇六年の香港報道では一一万件以上と報じられ、依然増大し続けていると考えられる。

さらには、都市に流れた農民工自身が、新たな社会問題の要因となっている。都市での彼らの日常の生活環境は、低賃金の上に、住宅施設、食事、衛生、医療、社会保障、子弟の公立学校への入学など、あらゆる面で極めて劣悪な状況にある。著名な社会学者・陸学芸《りくがくげい》はこの状況を、「都市における〝都市住民と農民の二元構造〟の出現」と評した。

こうした不平等、不公平な状況を生み出している根本的な問題は、中国の独特な戸籍制度にある。一九五〇年代、党・政府は、都市の治安・生活を保障し、農民の流入を阻止するために、農村で生まれた者には農村戸籍しか与えないという厳格な制度を作った。こうした都市戸籍・農村戸籍の基本枠組みは、何億という人口流動が発生している今日でさえ変化していない。都市で長期滞在する農民工は、例外措置を除いて、期限付きの「都市暫住戸籍」しか得られない。その数は二〇一〇年で二億六〇〇〇万人を超えるまでになった。部分的な改善はあるものの、基本的には都市生活者が受ける社会的待遇からは排除されているのである。出生地がたまたま都市か農村かで、かくも社会的待遇が異なるのは、われわれの常識では考えられない。先進諸国では明らかに人権問題になる事態ではあるが、これが今日の中国の現実なのである。

沿海と内陸の格差拡大は、もう一つの深刻な問題である。資金、企業、人は沿海地域に集中し、インフラは脆弱で人材も乏しい内陸地域の発展は困難な状況におかれている。もっとも発達した沿海(上海)と、もっとも遅れた内陸(貴州)を比較すると、一人当たりGDPの比は、二〇〇六年の時点でおよそ一〇対一となっている。こうした格差拡大は現在も続いている。

このような格差に対して、二〇〇〇年以降、党・政府は「西部大開発」という内陸地域開発を推進した。大規模な国家投資によってインフラ建設、資源開発などが進み、西部地域のGDP成長率は高まった。例えば、二〇〇〇年には八・五%、二〇〇一年には八・八%、二〇〇二年には一〇・〇%、二〇〇三年には一一・三%を記録するなど、その効果は現れている。しかし、「農民工」として大量に流出する労働力人口の減少、民間資金・技術の不足などによって、内陸地域の自立的な産業化の道はなお険しい。

2 取り残される社会問題と進まない政治体制改革

深刻化する環境汚染

急激な経済成長が生み出したもう一つの重大な問題は、環境汚染である。例えば、淡水に注目してみよう。そもそも中国の水量は絶対的に少なく、人口は世界の二二%を占めるにもかかわらず、淡水の量は世界のわずか八%にすぎない。中国の一人当たりの水資源は、世界平均の四分の一でしかなく、経済発展に伴なう水需要の増大とあわせ、恒常的な水不足の問題にさらされている。その上、工場から排出される大量の汚染工業水、化学肥料、農薬によって、久しく河川、湖および近海に深刻な環境汚染が起きており、全河川、湖の六割が深刻な汚染にさらされているという報告もある。二〇一三年、関連部門が一一八都市で行ったモニタリング調査では、地下水が基本的に安全と認定された都市はわずか三%にとどまった(新華社)。

渤海沿岸、華東、華南地域では重金属による土壌汚染、また他の地域では汚染によるがんや奇病の多発、奇形生物の発生も報告されている。二〇一三年二月の「人民日報」ウェブサイトによれば、「がんの村」は全土で少なくとも二四七カ所に及ぶという。

大気汚染も深刻である。北京オリンピック開催に絡んだ大気汚染問題、近年ではPM2・5汚染問題など話題に事欠かない。二〇一三年三月、清華大学での医学関連学会での発表によれば、二〇一〇年に大気汚染が原因で死亡した人は全国で一二三万四〇〇〇人、その年に死亡した人の約一五%を占めていたという。同月の第十二期全人代第一回会議では、環境保護部の年度報告に三分の一の反対・棄権があったが、これは環境悪化に対する地方からの強い異議申し立てを意味していた。党・政府が環境問題に何ら取り組まなかったわけではない。環境関連の数々の法律は、先進国並みに厳しい内容となっている。しかし、急速に進む破壊と汚染は、そのはるか先を行っているのが現実なのである。

激増する腐敗・汚職

経済成長優先路線は、法制度によりしっかりしたチェックが機能しないことと合わせて、台頭する既得権益集団の権力と癒着した組織的な汚職・腐敗など、社会的な「歪み」も深刻化させている。

中国の情報ネット「百度《バイドゥ》」によると、腐敗件数は、二〇〇三年の一万一九〇〇件から二〇一二年の八六万一〇〇〇件と、増加に歯止めがかからない。二〇一三年の第十二期全人代第一回会議の政府報告によると、二〇一二年までの過去五年間に汚職事件などで立件された公務員の数は、二一万八六三九人であった。その前の五年間でも約二一万人が立件されており、党・政府がたびたび撲滅キャンペーンを試みているにもかかわらず、改善のあとが見られない。

張維迎《ちょういげい》・北京大学教授の分析によると、一九八〇年代から一九九〇年代にかけての腐敗は体制改革に伴う腐敗であるが、それはある意味で中国の市場化改革を推進したという。これに対して今日の腐敗は、政府官僚の権力の濫用、とくに民間の既得権益をめぐる腐敗が増えているとのことである。「腐敗取締り措置がますます厳しくなるにもかかわらず、腐敗はますますひどくなる。……このような深刻な腐敗状況は、人類の歴史上いかなる国においても類を見ないものかもしれない」と張教授は語っている。

トランスペアレンシー・インターナショナルは一九九五年以来、一〇機関、一三種類のアンケート項目による調査をもとに「腐敗認識指数」を算出し、毎年公開している。最も清廉な国が一〇、最も腐敗している国は〇と採点され、七割の国が五未満である。中国は二〇〇二年からの一〇年間、三・四から三・六の間にあり、世界で七五位前後に位置している。二〇〇八年秋のリーマンショックによる世界経済の低迷の中で、党・政府は景気後退を防ぐために四兆元という大規模な資金投入を実施した。これによって経済成長を持続的に推進することができ、世界から高い評価を受けた。しかし、地方経済を活性化させるための支出を追ってみると、一般庶民の購買力の向上や生活改善に投資されたわけではなく、地方の権力者や既得権益グループの利益とするところが多かった。それが、腐敗を増大させ、格差を拡大し、社会矛盾を一層激化させたといわれる。

経済成長のうま味は、このように地元の権力者、既得権益グループなどに落ちていく傾向が強い。恩恵を受けるのは、地方開発に合わせて流入した漢族であるともいわれる。地方のなかでも、とりわけ辺境地域に住む少数民族の生活は貧しい。そのため、流入した漢族との間での対立・紛争が絶えず、少数民族問題は社会不安の大きな一因となっている。もっとも、大半の少数民族は中央の党・政府の慰撫政策や、長年にわたる漢族との同化によって、政治的には漢族・中央に従順、非抵抗的である。中央への反発が強く、分離独立運動が目立つのは特に、それぞれチベット仏教とイスラム教を精神的支柱とする、チベット族とウイグル族である。

少数民族問題

それぞれの歴史を簡単にさかのぼりながら現状を見ておく。チベット族は一九五一年、共産党の支配下に入った。一九五九年の「動乱」平定後、急速に社会主義化が進んだが、混乱と貧困が深刻化した。改革開放以後、党・政府は経済発展の支援を強化する一方、一九八七年、一九八九年に独立運動が顕在化すると戒厳令を敷くなど厳しく鎮圧した。北京オリンピックを間近に控えた二〇〇八年三月には、ラサで大規模な暴動が起こった。チベット亡命政府内の急進独立派チベット青年会議などが中心となり、チベット独立を国際世論に強くアピールすることを狙って行われた暴動である。この暴動は、四川省アバ・チベット族チャン族自治州などにも飛び火した。その後もチベット族の抵抗・暴動は続いている。

他方、新疆ではかつて一九三〇―四〇年代に大規模な東トルキスタン独立運動が起こった。その流れをくむ急進的なウイグル独立運動が今日も続いている。

党・政府は、一九八〇年代、とくに胡耀邦時代には柔軟路線を採っていたが、一九九〇年代以降、少数民族の抗議行動に対しては厳しく弾圧する強硬路線に転じた。とくに、一九九七年二月、新疆イリ地区で共産党の支配に抗議して発生したウイグル族の暴動(イニン事件)では、行方不明者一五〇人、負傷者六〇〇人、逮捕者一五〇〇人を出すほどであった。

しかし、このイニン事件以降も「独立」を目指す動きは衰えず、さまざまな抗議活動が続発している。二〇〇八年三月には、新疆南部のホータン市で六〇〇人を超える抗議デモが発生した。そして、翌〇九年七月、広東省韶関《しょうかん》市で発生した漢族従業員とウイグル族従業員の衝突事件に抗議して、ウルムチで約三〇〇〇人のウイグル族による大規模な暴動が起こった。多数投入された武装警察との間で衝突が起き、一四〇人が死亡、八〇〇人以上の負傷者が出た（政府の発表では、死者一九七人。ほとんどが漢民族）。この事件では一万人のウイグル族が行方不明となり、その後も根強い漢族批判、中央政府批判が続いている。

中共第十七回全国大会の試みと挫折

胡錦濤・温家宝政権は、こうした社会矛盾の深刻化に手をこまねき放置してきたわけではない。沿海と内陸の格差是正のために二〇〇一年から本格的に西部大開発を展開し、あるいは「三農問題」解決のために農業税の廃止など農民負担軽減策を進めてきた。しかし、その一方で、深刻化する環境破壊と格差拡大、激増する腐敗・汚職に対して、改革を求める声も高まっていった。

胡錦濤・温家宝政権は、二〇〇二年のスタート早々から「以民為本」「親民政治」を強調し、さらに二〇〇四年九月の中共十六期四中全会では「和諧《わかい》社会」（調和のとれた社会）を新スローガンとして掲げ、成長と公平な分配、人間と自然との調和などを重視する方針を打ち出した。二〇〇七―〇八年には「民主」を重視する声も高まった。二〇〇七年の中共第十七回全国大会の「政治報告」の中では、「民主」という用語が実に六〇回以上も使われていたことがそれを象徴している。また、温家宝は「人民日報」（二〇〇七年二月二七日）で、「科学、民主、法制、人権は資本主義の専有物ではなく人類の長い歴史の過程でともに追求してきた価値観と創造した文明の成果である」と普遍主義を重視する発言をした。

胡錦濤・温家宝政権のブレーンの一人といわれた政治学者・兪可平《ゆかへい》は、「民主主義は素晴らしいものだ」「中国民主政治への三つの道」などと論じ、それらが「人民日報」「中国青年報」など当局の権威ある新聞に掲載された。温家宝自身も、二〇〇八年九月末、米CNNのインタビューで八九年の天安門事件の教訓について尋ねられると、「中国の民主化の発展と関係があると信じている」と答えた。さらに同年末には、国内外の中国知識人ら三〇〇人余りによる「〇八憲章」(三権分立・人権保障を軸とする中華連邦共和国憲法要綱)が発表され、翌年三月時点で署名者は数千人に膨らみ、民主を求める知識人の声は再び高まった。

しかし、党・政府は、こうした動きに対して強硬な態度で臨んだ。「〇八憲章」提唱者である劉暁波《りゅうぎょうは》へのノーベル平和賞授与に反対する考えを示し、二〇一〇年二月、「国家政権転覆扇動罪」により、劉に対して懲役一一年および政治的権利剥奪二年の判決を下した。劉は二〇一三年現在も服役中である。

二〇〇〇年代の一〇年間を振り返ると、政治参加の拡大、指導者の権力濫用に対する効果的なチェック・メカニズムの形成、言論・報道の自由といった政治の民主化・法治はほとんど進まず、「和諧社会」、あるいは中国発展の普遍的価値への融合も実現しなかった。

その困難さを考えてみると、①充満する社会不満に対して共産党体制の安定を最優先し、批判勢力を徹底的に弾圧してきたこと、②「大国中国」実現の強い要請のため成長主義路線を最優先したこと、③エリート層を中心に強大な既得権益層が形成されたこと、④江沢民勢力が「普遍的価値」批判を行い、温家宝の主張に反論し、中国特殊論と普遍主義の対立を一段と鮮明にしたことなどが挙げられる。胡錦濤も温家宝も、自らの地位を保持するために、既得権益グループ、特に江沢民、軍指導層に譲歩し妥協せざるをえなかった。それでも、終章で触れるように、政治的民主化をめぐって新しい動きが芽生え始めていることも確かである。

3　積極化する外交・増強する軍事力

揺れる多極化戦略

中共第十六回全国大会以降の外交路線を、第十五回全国大会のそれと比較しながら見ておくと、その変化は以下のように要約できる。

第一に、第十五回大会に比べて世界平和擁護、共同発展促進が一段と強調されている。これは、二〇〇三年に胡錦濤の外交ブレーンといわれた鄭必堅《ていひっけん》(中央党校常務副校長)が提示した、いわゆる「平和的台頭」(和平崛起)につながるものである。第二に、「責任ある大国」として国際社会への参加意識が増大し、一極を争わず、多種力量の調和のある共存を目指し、積極主導的に国際実務に取り組む傾向を強めたことである。そして第三に、協力領域を拡大・豊富化し、協力効果を向上させることである。

こうした対外戦略の転換を考える上で必要な、中国の基本的な国際構造認識について、重要な変化があったことは注目すべきである。すなわち、冷戦以後の中国は、よく知られているように、国際社会の基本構造を「多極化への移行期」として捉えていた。「極」とは言うまでもなく、「大国」を意味する。複数の極が形成され、相互に調整バランスをとることが、これからの国際秩序安定の基本であるという考え方であった。それは「認識」であると同時に、米国の「一超」を排し、相対的に力の接近した三つ以上の大国(極)のハーモニーによる秩序形成を目指すという意味で、中国の「多極化戦略」ともいえた。

その後、この「多極化戦略」論それ自体は否定していないが、その内容を大きく変え始めてきたように見える。例えば、王毅《おうき》(現外交部長・元駐日中国大使)は、二〇〇三年の「世界知識」第二期で「多極化認識」の転換を以下のように特徴づけていた。すなわち、大国間調整・システムとしての「多極システム」観から、中国は、①多種力量の調和的共存(国家以外のアクターも重視)、②途上国は多極化格局(国際構造)の重要な力量、③多極化を客観的趨勢とみるが、目指すのは各国の「平等協商、調和共存」であると指摘するようになった。これに対し、北京大学の葉自成《ようじせい》教授は、「多極化は主に米国の覇権主義、ユニラテラリズムへの反対という内容を含んでいる」と言明している。

両者のニュアンスは異なるが、国際秩序の新しい枠組みを模索するようになってきた点では共通している。一九九九年のベオグラード中国大使館爆撃事件、二〇〇一年四月の米中軍用機接触事故を通じて中国は、米国の攻撃力の強大さを痛感させられた。また、米国はイラク戦争において、ハイテク兵器を中心にした軍事力の飛躍的進歩を見せつけた。こうした米国の軍事力に対する中国の強い危機感が背景にあるのであろう。

それゆえに、外交行動としては自主的だが慎重という態度を貫いた。鄭必堅の提示した「平和的台頭」はそうした姿勢の表れであった。しかし、国際社会の中ではなかなか通用するものではない。「平和的台頭」の「台頭」とは、現在の国際秩序への挑戦を意味するのではないかとの批判が上がった。これに対して中国は、公式的には「平和的台頭」を取り下げ、従来の「平和と発展」を外交の基本路線に戻した。それは鄧小平の「韜光養晦」という慎重な外交指示の忠実な実践であったといえるかもしれない。

G2論の浮上

しかし中国の急激な経済力と軍事力の向上は、確かに米国の中に「中国警戒論」を醸成していった。二〇〇五年七月の米国防総省の「中国の軍事力に関する年次報告書」は、中国を「地域の脅威」と表現している。同年二月と一〇月に開かれた外交・軍事トップ関係者による「日米安全保障協議委員会」(2+2《ツープラスツー》)は、日米両国のより緊密化した協力関係の枠組み作りが強調されたが、それは「中国警戒論」が底流にあった。しかし他方で、同年八月の米中戦略対話において、ゼーリック国務副長官は、「米中は責任ある利害共有者（ステイクホルダー）」という言葉を使い、中国の実力を認めた上で、両国の平和的発展と米中協調の重要性を力説したのである。

二〇〇七年の中共第十七回全国大会、二〇〇八年の北京オリンピックの成功などを通して中国のプレゼンスが一段と高まったことにより、いまや米中時代の到来といった声も聞かれるようになってきた。例えば、二〇〇八年以来、議論されるようになった、いわゆる米中「G2論」が典型例である。

二〇〇九年七月、米中の外交安全保障・経済の閣僚級の責任者が初めてワシントンに集まった、「米中戦略・経済対話」は世界に強いインパクトを与えた。この「対話」の開幕式でオバマ大統領は、「米中関係は二一世紀の行方に影響する、非常に重要な二国間関係だ。双方は協力を強化し、共通利益を追求し、両国と世界の人々に幸福をもたらさなければならない」と発言し、まさに米中「G2論」をアピールする形となった。

韜光養晦の見直し

しかし同じ時期、中国外交の強硬路線への転換を示す重要な主張が登場している。二〇〇九年七月、在外大使などを集めた会議の席上で胡錦濤主席は、鄧小平の主張をより鮮明にする意味から、「堅持韜光養晦、積極有所作為」という外交方針を示した。

外交・軍関係者は、とくに後半部分の「積極有所作為」に反応し、「積極的に打って出る」

外交路線を強調するようになった。この動きと並行して、二〇〇九年、二〇一〇年には、南シナ海の大部分の海域を自らの領海、尖閣諸島一帯も自らの領土・領海＝「核心的利益」とする声が一段と大きくなった。そうした中で、二〇一〇年九月、中国漁船の尖閣沖での日本海上保安庁巡視船への衝突事件が発生した(尖閣諸島沖中国漁船衝突事件)。この事件をきっかけに、尖閣諸島をめぐる日本との対立が深刻化した。二〇一二年九月には、「尖閣国有化」をめぐり国交正常化以来最悪の反日暴動が起こり、日中経済にも影を落とすようになった。南シナ海、東シナ海における領土、領海をめぐる、中国と東南アジア周辺諸国、中国と日本との摩擦・対立は、このようにして一気に浮上し、広がっていったのである。

ここで、「核心的利益」とは、公式的には、①中国の国体、政治体制、政治の安定、すなわち共産党の指導、社会主義制度、②中国の主権の安全、領土保全、国家統一、③中国の経済社会の持続可能な発展の基本的な保障、を指すとされている。南シナ海、東シナ海は「核心的利益」と位置づけられてはいないが、「人民日報」(二〇一三年一月一七日)の評論員論文では、尖閣諸島は「核心的利益」と表現されている。慎重な外交路線から徐々に積極・強硬外交に転じたといえよう。

増強する軍事力

こうした積極外交の強力な裏付けとなるのが、一九九一年以来、一貫して大幅に増強し続けている軍事力である。中国側の公表国防費でさえ、二〇〇七年は前年より一九・四七％増の約五〇〇億ドル(日本は四五〇億ドル弱)、二〇〇八年は五九〇億ドル、二〇一〇年の七・五％増を除いて、この二一年間、二桁増を続けている。さらに二〇一二年三月に発表された国防予算は約一〇六〇億ドル、二〇一三年は、前年実績比一〇・七％増の約一二〇〇億ドル(七四〇六億元)と、とどまるところを知らない(米国防総省は、二〇一一年の実際の軍事費を一二〇〇億ドルから一八〇〇億ドルの間と見積もっている)。

もともと兵員数、兵器数などにおいて中国は世界最大であった。しかし、その質においては米ロなどに比べ大幅に立ち遅れ、質の向上が急務であった。そして、このような軍事費への格別の配慮によって、近年は急激にその能力を高めている。

米国防総省「中国の軍事力に関する年次報告書」(二〇〇九年版)によると、台湾対岸における一五〇〇基のミサイル配備(二〇一一年時点)、アメリカ大陸西岸にとどく長距離ICBM「東風31」「東風31A」の開発(近未来に実戦配備)、人工衛星破壊実験の成功など、攻撃能力を大幅に増強している。また、二〇一一年初めには次世代ステルス戦闘機「殲20」の試験飛行に成功、二〇一二年には空母「遼寧」の船上で艦載機の離発着訓練に成功し、青島に配備された。

海洋権益の主張

経済力・軍事力の急増に伴って、エネルギー資源の確保、ナショナリズムが声高に聞かれるようになり、それと合わせて「海洋権益」が主張されるようになった。法令で初めてこの用語が登場したのは、一九九二年に制定された「中華人民共和国領海及び接続水域法」(領海法)である。その後、あまり注目されてはいなかった用語だが、積極外交へ転ずるようになった頃から再び目立つようになってきた。

「海洋権益」とは、「中国海洋発展報告(二〇〇九)」では「管轄海域における権利と利益の総称」と定義しているが、安全保障、漁業、資源開発、環境保護などに関する主権、あるいはそれに伴う利益である。二〇一一年三月の第十一期全人代第四回会議で公表した第十二次五ヵ年計画では、新たに「海洋経済の発展推進」との章を設け、「海洋発展戦略」を制定し、海洋産業構成の改善と海洋総合管理の強化を力説した。この計画の下で、沖縄・尖閣諸島周辺や東南アジア諸国と領有権紛争を抱える南シナ海において、中国艦船の活動がさらに活発化している。

こうした核心的利益や海洋権益の主張の背後には、より壮大な海洋戦略がある。一九八二年の鄧小平の指示を受けて、その後、劉華清中央軍事委員会副主席を中心に「海軍建設長期計画」が作成された。それによれば、第一列島線(東シナ海内)の制海権を確保したあと、中国海軍は、二〇一〇―二〇二〇年を「躍進後期」と位置づけ、第二列島線(伊豆諸島―小笠原諸島―グアム・サイパン、パプアニューギニアに至るライン)を完成させ、その内部の制海権確保、空母建造を実現し、「二〇四〇―二〇五〇年までに西太平洋、インド洋で米海軍に対抗できる海軍を建設する」との構想を打ち出している。

第二列島線の形成を目指す戦略にとって、尖閣諸島の突破は決定的な重要性を有している。

それにより、第二列島線内におけるシーレーン、さらには軍事的に自由な航海権の確保を実現し、西太平洋地域における制海権を拡大できるという意味を持つからである。

深刻化し劣悪化する環境破壊、格差、腐敗・汚職などの中で成長を続ける経済、積極化する外交、増強する軍事力。新しい指導体制が誕生した中国はいったいどこへ向かおうとしているのだろうか。

終章　中国はどこへ行く

ジレンマをかかえながら「中華民族の夢」を求める新指導者，習近平(左)と李克強(右)．写真提供：AP/アフロ．

中国共産党の目指す未来

鄧小平が改革開放路線、近代化建設に大きく舵を切って約二〇年を経た二一世紀の入り口で、中国はようやく自らを、実力を備えつつある大国として意識するようになった。二一世紀に入り、強大な経済力、軍事力、外交力を備え、一気に高峰に到達するかの勢いで世界の「舞台」の主役に躍り出た。国連、APECなど既存の国際機関ではもとより、G20、BRICS（ブラジル、ロシア、インド、中国、南アフリカ）など、新たな国際舞台でもその存在感を増している。

たしかに、胡錦濤・温家宝政権の一〇年は、このように中国の国際的な地位を急速に高め、国内における人々の一定の豊かさを実現した。二〇一一年一月の「瞭望」誌で、経済学者・胡《こ》鞍鋼《あんこう》は「二〇二〇年に米国を追い越す」という意欲と見通しを示した。そして、米国を追い越すことは「毛沢東の夢」だとも語った。もちろん、それは胡鞍鋼の個人的見解ではあるが、中国の多くのエリートたちが共有している強い願望であるといえるかもしれない。

それを担うのが二〇一二年一一月の中共第十八回全国大会、二〇一三年三月の十二期全人代第一回会議で国家指導者として選出された習近平《しゅうきんぺい》・李克強《りこっきょう》の新指導体制である。習近平は、中共第十八回全国大会直後の新指導部披露の記者会見の席で、何度も「中華民族の夢」を繰り返した。

本書の冒頭で触れたように、二〇〇二年の中共第十六回全国大会で掲げられた「中華民族の偉大な復興」という標語こそ、「中華民族の夢」ということなのであろう。それは、かつて世界に輝かしい歴史をのこした中華王朝の隆盛を彷彿させるような、「富強の大国」の出現なのであろう。あるいは、近年、自信を得はじめたエリートたちからしばしば聞かれるようになった、「王道政治」の実践ということなのであろう。それはたんに毛沢東ら共産党の指導者のみならず、清末民国初期の民族の危機を感じた革命派・改良派エリートたちから始まり、蔣介石ら民国期をリードした指導者たち、あるいは陳独秀や汪精衛、さらには劉少奇、林彪、胡耀邦、趙紫陽といった失脚した指導者らにも共通する「夢」なのであった。総合国力の面で日本を追い越し、米国に着実に近づき始めた今日の中国を担う習近平・李克強指導体制の肩にこそ、その歴史的使命がかかっているのである。

では、彼らの「夢」とは具体的にどのようなものなのか。これまでの指導者たちの言動を要約して表現するならば、国内的には大多数の人々が豊かさを享受し、政治的社会的に安定し、道理にそって物事が処理される公平な社会の実現であろう。それを強く意識した中共第十八回全国大会の胡錦濤の「政治報告」では、二〇二〇年に二〇一〇年の個人所得を倍増すると、依然として経済成長路線を強調しながらも、個人の富裕化に力点を置き始めている。また法の強化を軸とした腐敗防止の徹底化、貧者に配慮した政策の徹底化、地方の各級政府における社会サービス機能の拡充なども強調している。

また、対外的には、世界の超大国として君臨する米国と肩を並べ、世界をリードしながら、「尊敬される超大国」として国際社会から認められ、評価を受けることであろう。二〇一二年七月七日に清華大学で挙行された「世界平和論壇」の開幕挨拶で習近平は、極めて強い調子で、異なった制度、タイプ、発展段階、利益の混在する国家間が作る国際社会で、国際協調路線、平和発展の道を堅持することの重要性を強調した。その後、中共第十八回全国大会の胡の「政治報告」でも、「協力とＷｉｎ－Ｗｉｎを重視し、国際社会の公平・正義を共同で守る」と国際協調主義を力説している。

もちろん、こうした「夢」の実現には、さまざまな抵抗や壁がある。したがって、それを現実的に保証し担う「パワー」が必要となる。それが八五〇〇万人を超える世界最大の政党・共産党であり、その後ろ盾となっている二三〇万人の人民解放軍である、というのが彼らの言い分である。しかし、もっぱら党と軍に頼ることが、これからの輝く中国の未来を保証するのだろうか。むしろ、肥大化しすぎるこれらパワーが、「夢」の阻害要因になりはしないだろうか。そして、中国の高度経済成長は、これからも持続可能なのだろうか。

経済の歪みと社会矛盾の出口は？

近年、経済に関する楽天的な見通しを危惧する見方が浮上してきている。なかでも注目すべきものは、二〇一二年二月に世界銀行と中国国務院発展研究センターの共同研究成果として発表された報告書「中国2030」である。同報告は、中国は今後、高所得国への移行は可能だが、労働コスト上昇などに伴い国際競争力が低下し成長力が失われるという、いわゆる「中所得の罠」の問題が浮上するだろうと指摘する。そして、もし本格的な構造改革に取り組まないならば、経済成長は急減速し、財政や金融の危機を招く恐れがあると警告している。

確かに「安い大量の労働力」という比較優位は弱まってきた。国内市場も思うように発展していない。同報告は具体的な改革として、①政府や国有企業の役割の見直し、②民間主導、③さらなる市場メカニズムへの経済転換、④稀少化し不安定化する土地・労働の改革、⑤格差是正のための社会保障整備、⑥財政の地方分権、⑦悪化する環境問題に対するグリーン経済の促進などを挙げている。国内購買力の向上に力を入れ、労働集約産業から知識集約産業、第三次産業の開発といった、産業構造の転換もまた重要な課題であるという。

しかし、これらの改革は、まさに「言うは易く行うは難し」である。前章で見たように、二〇〇〇年からの高度成長の最大の動力は、「抓大放小」政策の下で「国進民退」を生み出した、国家資本主義と呼ばれる勢力であった。だが、それこそが同報告で指摘している、最大の抵抗勢力としての既得権益集団なのである。彼らは資金・原材料の調達、市場で独占的地位を得ている国有企業、団体、個人などで、政策決定者とも特別な関係にある。しかも、習近平を含む指導者たち、およびその縁故者たちの多くが既得権益者であるか、彼らと緊密な関係にある人たちばかりである。既得権益層の特権と彼らが手に入れた莫大な富に対して、どのようにして制約を加えることができるのか。

権力の暴走や不正をチェックするメカニズムを共産党内だけでつくることはそもそも困難である。これまで指導者が幾度も腐敗撲滅・汚職一掃のかけ声をかけても一向に改善されてこなかった事実がそれを証明している。腐敗・汚職の解決を可能にするのは、チェック・アンド・バランスに基づく権力構造をつくり、非権力者＝市民・民衆の監視と批判の力を政策決定過程に反映させることである。非公式チャネルを通じて、そのような新しい動向が生まれていることも事実であるが、改革はおそらく困難を極めるであろう。

インターネット政治参加の広がり

二〇一一年七月二三日、中国高速鉄道が、浙江省温州で四〇人の死者、負傷者二〇〇人以上を出す追突・脱線事故を起こしたことを思い起こしてみればよい。党の庇護下で巨大利権を背景に独立王国を築き、「腐敗の温床」といわれてきた鉄道部は、この大事故後、ただちに死者や負傷者の対応に向かうのでなく、列車の解体と虚偽の報告で隠蔽を図った。

これに猛烈な批判を浴びせ、真実を解明し、ただちに国内外に情報を伝えたのが新浪微博《シナウェイボー》（中国版ツイッター）やインターネットを使った民間人であった。鉄道部はやがて事件の報告、幹部の辞任に追い込まれた。二〇一三年三月の第十二期全人代第一回会議で、鉄道部は廃止、交通運輸部に吸収合併されることとなった。

もう一つのインターネット・メディアが果たした役割の大きさの事例として、広東省の「烏《う》坎《かん》村事件」は記憶に新しい。それは農民の土地収奪を行った地元幹部と不動産業界との結託に対して携帯電話・ネットなどを利用して大衆抗議行動を起こし、選挙によって腐敗幹部の失脚を実現した事件である。格差の拡大、環境汚染や教育・社会保障での不平等の深刻化など、現在、中国では社会問題が多岐にわたって噴出しているが、二〇〇二年以降に設立された第二世代のNGOは、行動する市民となりつつある。こうした市民たちの活動は「維権〔権利擁護〕運動」と呼ばれているが、その活動の中で非公式メディアの果たす役割が極めて大きくなってきた。インターネット・メディアの急激な普及は、市民意識の変化を促し、疑似「公共圏」を形成し、徐々に中国の政治体制変革に影響力を広げている。

こうしたなか、共産党当局も、市民・民衆の発言、行動をある程度受け入れざるをえなくなりつつある。中共第十七回全国大会の「政治報告」では、言論・表現の自由には強い拘束を維持するが、知る権利、意見表明の権利、監督する権利の強化を容認した。もちろん、党は市民・民衆の言論・表現に対しては、依然として厳しい警戒と制約を緩めてはいない。二〇一三年一月、広東省の「南方週末」で「憲政の夢」と題する新年社説が、共産党賛美の「中華民族の夢」にすり替えられ、多くのメディア関係者が当局による報道統制への不満を爆発させた。今後も言論の自由をめぐる当局とメディア側の攻防は続くとみられる。習近平・李克強体制が、汚職・腐敗を一掃し、公平な手続きで利益を配分し、法治による安定を目指すならば、やがては市民・民衆の発言、行動を受け止めるフォーマルなメカニズムの構築が不可欠であろう。

もっとも、習近平時代において多党制が導入される可能性はほとんどない。党による安定を前提とした「民主化」、すなわち党内民主化、法に基づく富の公平な分配、社会のニーズ・民衆の声を政策に反映させるメカニズムの構築などに限定される。このことは結局、階層、生活、価値などの多様化とともに実質的に進んでいる、多元社会と一党体制とのジレンマの問題に行き着く。多党制導入を語る前に解決すべき課題は「エリートの党」、すなわち既得権益集団の利益代弁者と化した共産党を、どのようにして真に「勤労者・大衆の意思を反映できる党」に変えていくのかということである。このことがまず求められているのではないだろうか。

中国脅威論の克服の鍵は？

上で見てきたように習近平は、中国は国際平和・繁栄を支え、国際社会とWin-Winの関係を重視すると繰り返し強調している。しかし同時に、「わが国の国際的地位に見合った国防と強大な軍隊を建設する。……海洋資源を断固守り、海洋強国を建設する」と、大国主義的な強硬路線の主張も行っている。

あるいは幾つかの外交文書、ブレーンの発言の中では、対米関係では依然、鄧小平の「韜光養晦」を堅持し、「平和・協力の新しいタイプの大国関係」を創造するが、他の国との関係では「もはや韜光養晦をとらない」、大国としての外交を行うとの主張も見られる。二〇一三年六月のオバマ大統領との会談で習近平はまさにそのような姿勢を示した。しかし、軍事力の増強を続け、強硬外交をとるならば、中国脅威論が台頭するのは当然のことであろう。

二〇一一年のBBC国際世論調査によれば、中国の軍事力の急増を肯定的に受け止めている国は、二五カ国中わずか六カ国、パキスタンやアフリカ諸国など、中国からの経済援助、軍事援助を期待している国々である。脅威感の高まりは、欧州、ロシア、米国、カナダ、東アジア諸国などで顕著である。一方、多大な援助を受けてきたミャンマー、北朝鮮の中国離れが顕在化してきたのみならず、ベトナム、フィリピンをはじめ東南アジア諸国、モンゴルなど中国周辺諸国での脅威論、警戒論も目立つようになってきている。こうした傾向に対して中国当局は「下心を持つ反中国勢力の企み」と断じるのみだが、そのような「自己弁護」に終始するかぎり、中国の孤立化はますます深まり、「尊敬される世界の大国」から遠ざかるばかりであろう。

しかし、中国新指導部はそのことに気づき始めている。二〇一三年四月七日、ボアオ・アジアフォーラムで演説した習近平は、アジア周辺諸国との関係の重要性を強調しながら、「主張の違い、摩擦をよりよく解決していこう」と呼びかけ、関係の修復を探り始めている。TPP(環太平洋パートナーシップ協定)への牽制に狙いがあるともいわれるが、むしろ周辺諸国との関係の冷え込みは、中国自身の経済発展や安全保障に悪影響を及ぼすとの懸念が指導部で増大しつつあるようである。

将来も現在の勢いで継続して軍備拡張を進めるのか否か、言葉の柔らかさとは裏腹に、本音では威嚇的な強硬路線をとり続けるのか否か、中国の基本姿勢が問われ始めている。「尖閣諸島問題」「南シナ海島嶼紛争」などは、中国の評価にとって試金石となるだろう。

このような中国の姿勢と関連して、もう一つの問題は、「中国的特色」「中国モデル」論などにみられる、中国的価値、文化を強調する中国特殊論である。二つの超大国というG2論が盛んであった頃、「北京コンセンサス」が「ワシントン・コンセンサス」に取って代わるという主張が強調された。「中国的特色」「中国モデル」論の特徴は、開発独裁モデルに加え、伝統的、儒教的な権威主義的関係、上下関係を意識した階層的な秩序意識である。中国を中心として周辺諸国をそのような関係に位置づけ、中華的秩序の世界(大中華圏)を構築させようと考えるなら、それは時代錯誤というしかない。

また中国モデル、中国特殊論には、例えば人権などをめぐって、普遍主義に対する根強い反論がある。中国はそこで、普遍主義、普遍的価値とは、基本的に欧米の価値観、手続き論によるもので、そうした押し付けには納得できないと主張する。しかし、たとえ出自がそうであるとしても、国際社会が受容し共有する「システム」「ルール」としてすでに機能しているものであるならば、それは一種の「国際公共財」と見なすべきであろう。そのことを無視するならば、中国の挑戦は国際社会にとって懸念材料になる。世界のリーダーになりたいのであれば、世界共通の価値や公共財を評価し、それへの積極的な関わり、貢献が求められる。中国特殊論を建て前に自らの秩序意識をあくまで主張するのか、普遍主義的価値・公共財のために国際社会に貢献するのか。この「ジレンマ」をどう克服するかが問われている。

「中華民族の夢」は中国人にとっての理想世界の実現であろう。しかし、自己流の「夢」を他者に押し付けようとするならば、抵抗と反撃を受けざるをえない。習近平をはじめとする指導層にとって最も重要なことは、これまでの中国の発展はただ独力で成し遂げられたものではなく、他国の協力、国際社会との協調、相互依存関係の深まりの中で実現したものだということを、今一度肝に銘ずることであろう。国際社会の価値やルールを尊重し、国際社会と共に生きる、そして「中国の苦悩」に真摯に立ち向かう新しいアプローチこそ、真の「中華民族の夢」を可能にする道なのである。

おわりに

旧版『中華人民共和国史』は、建国五〇年を記念して一九九九年に出版され、その後幸いにも多くの読者のご愛読を受け増刷され続けてきた。しかし今日、すでに一四年の歳月がたち、とくにこの間の中国を理解する上で重要な部分が完全に欠落していることが気になっていた。そうした中で、岩波書店に相談したところ、快く「新版」の刊行を引き受けてくださった。

今回の新版も執筆の基本姿勢は同じである。旧版の「あとがき」の一節を再収録させていただこう。「筆者は、本書を通して得てして「思い込み」「思い入れ」に先走る日本人の中国理解に対し、より冷静に中国理解を深め、同時に中国に対する前向きの関心が高まることを期待しつつ執筆に励んできた。私なりの「味付け」「切り口」で中国現代史というとてつもない大きな材料を料理することが出来たという、ささやかな満足感があることは確かである。もっとも、私の想いが実るか否かは、読者ご自身の判断を待つしかない」。

二〇〇〇年以降、日本と中国をとりまく環境は大きく変わった。もちろんそこには、国力の大きな変化、日中関係自体の悪化などあるが、もっとも大きな変化は、お互いの相手を見る眼、考える観点の変化である。とくに今の日本人は、中国を感情的に見てしまう傾向が一段と強まっている。しかし、それで良いのか。それで日本と中国は未来を切り開くことができるのか。「相手を好きになる」ことが関係改善の前提だとは思わない。その前に、「決めつけ」「思い入れ」に先走らずに、客観的に中国理解を深める努力を続けることが大切であろう。

中国は「引っ越しのできない隣人」とよく言われるが、私はその表現は不十分だと思う。むしろ「離れたくても離れられない複雑に絡み合った隣人」といった方が適切であろう。それだけに、甘いも辛いも酸いもすべてない交ぜの隣人・中国とはしっかり向き合うしかない。個人的に言えば、肩の力を少し抜いて、こうした隣人と向き合うと結構おもしろい発見に出合う。その感性をいつまでも大切にしたいと思う。本書が中国の理解を深め、日中の未来を切り開く、ささやかな一助となれば幸いである。

なお本書の出版に当たって岩波書店の林建朗氏と永沼浩一氏にお世話になった。心より謝意を表したい。また私事で恐縮ではあるが、今年六月に満一〇〇歳を迎えた老母・篤子と、人生の良き伴侶として四〇年の歳月をともにしてきた理美子に本書を捧げたい。

二〇一三年、炎夏の中、清水を求めながら

天児　慧

岩波新書/最新刊から

1909 **幕末社会** 須田努 著

動きだす百姓、主張する若者、個性的な女性――幕末維新を長い変動過程として捉え、先の見えない時代を懸命に生きた人びとを描く。

1910 **民俗学入門** 菊地暁 著

普通の人々の日々の暮らしから、「人間にかかわることすべて」を捉える。人々の歴史から世界を編みなおす、「共同研究」への誘い。

1911 **俳句と人間** 長谷川櫂 著

生老病死のすべてを包み込むことができる俳句の宇宙に、癌になった俳人があらためて向き合う。「図書」好評連載、待望の書籍化。

1912 **人権と国家**
―理念の力と国際政治の現実― 筒井清輝 著

今や政府・企業・組織・個人のどのレベルでも求められる「人権力」とは何か。国際人権の歴史・制度・実践と課題が一冊でわかる。

1913 **政治責任**
民主主義とのつき合い方 鵜飼健史 著

「政治に無責任はつきものだ」という諦念と政治不信が渦巻く中、現代社会における政治責任をめぐるもどかしさの根源を究明する。

1914 **土地は誰のものか**
―人口減少時代の所有と利用― 五十嵐敬喜 著

空き地・空き家問題は解決可能か。外国の制度も参照し、都市計画との連動や「現代総有」の考え方から土地政策を根本的に再考する。

1915 **検証 政治改革**
なぜ劣化を招いたのか 川上高志 著

平成期の政治改革は当初期待された効果を上げず、副作用ばかり目につくようになった。なぜこうなったのか。新しい政治改革を提言。

1916 **東京大空襲の戦後史** 栗原俊雄 著

苦難の戦後を生きざるを得なかった東京大空襲の被害者たち。彼ら彼女らの闘いの跡をたどり、「戦後」とは何であったのかを問う。

(2022.3)

岩波新書より

シリーズ アメリカ合衆国史

植民地から建国へ 19世紀初頭まで　和田光弘

南北戦争の時代 19世紀　貴堂嘉之

20世紀アメリカの夢 世紀転換期から一九七〇年代　中野耕太郎

グローバル時代のアメリカ 冷戦時代から21世紀　古矢旬

世界史

岩波新書より

欧州連合 統治の論理とゆくえ	庄司克宏
バチカン	郷富佐子
アメリカよ、美しく年をとれ	猿谷 要
いま平和とは	最上敏樹
「民族浄化」を裁く	多谷千香子
サウジアラビア	保坂修司
中国激流 13億のゆくえ	興梠一郎
多民族国家 中国	王 柯
国連とアメリカ	最上敏樹
東アジア共同体	谷口 誠
ヨーロッパとイスラーム	内藤正典
現代の戦争被害	小池政行
帝国を壊すために	アルンダティ・ロイ 本橋哲也訳
多文化世界	青木 保
デモクラシーの帝国	藤原帰一
パレスチナ〔新版〕	広河隆一
人道的介入	最上敏樹
異文化理解	青木 保

ロシア市民	中村逸郎
ロシア経済事情	小川和男
南アフリカ「虹の国」への歩み	峯 陽一
ユーゴスラヴィア現代史	柴 宜弘
ビルマ「発展」のなかの人びと	田辺寿夫
東南アジアを知る	鶴見良行
獄中19年	徐 勝
モンゴルに暮らす	一ノ瀬恵
チェルノブイリ報告	広河隆一
イスラームの日常世界	片倉もとこ
サッチャー時代のイギリス	森嶋通夫
エビと日本人	村井吉敬
バナナと日本人	鶴見良行
アフリカの神話的世界	山口昌男
韓国からの通信	T・K生 「世界」編集部編
この世界の片隅で	山代 巴編

岩波新書より

現代世界

ネルソン・マンデラ	堀内隆行
日韓関係史	木宮正史
文在寅時代の韓国	文京洙
アメリカ大統領選	久保文明・金成隆一
イスラームからヨーロッパをみる	内藤正典
アメリカの制裁外交	杉田弘毅
ルポ トランプ王国2	金成隆一
2100年の世界地図 アフラシアの時代	峯陽一
フォト・ドキュメンタリー 朝鮮に渡った「日本人妻」	林典子
サイバーセキュリティ	谷脇康彦
トランプのアメリカに住む	吉見俊哉
ライシテから読む現代フランス	伊達聖伸
ベルルスコーニの時代	村上信一郎
イスラーム主義	末近浩太
ルポ 不法移民 アメリカ国境を越えた男たち	田中研之輔

習近平の中国 百年の夢と現実	林望
日中漂流	毛里和子
中国のフロンティア	川島真
シリア情勢	青山弘之
ルポ トランプ王国	金成隆一
ルポ 難民追跡 バルカンルートを行く	坂口裕彦
アメリカ政治の壁	渡辺将人
プーチンとG8の終焉	佐藤親賢
香港 中国と向き合う自由都市	倉田徹・張彧暋
〈文化〉を捉え直す	渡辺靖
イスラーム圏で働く	桜井啓子編
中南海 知られざる中国の中枢	稲垣清
フォト・ドキュメンタリー 人間の尊厳	林典子
(株)貧困大国アメリカ	堤未果
女たちの韓流	山下英愛
新・現代アフリカ入門	勝俣誠
中国の市民社会	李妍焱
勝てないアメリカ	大治朋子

ブラジル 跳躍の軌跡	堀坂浩太郎
非アメリカを生きる	室謙二
ネット大国中国	遠藤誉
ジプシーを訪ねて	関口義人
中国エネルギー事情	郭四志
アメリカン・デモクラシーの逆説	渡辺靖
ユーラシア胎動	堀江則雄
オバマ演説集	三浦俊章編訳
ルポ 貧困大国アメリカII	堤未果
オバマは何を変えるか	砂田一郎
平和構築	東大作
ネイティブ・アメリカン	鎌田遵
アフリカ・レポート	松本仁一
ヴェトナム新時代	坪井善明
イラクは食べる	酒井啓子
ルポ 貧困大国アメリカ	堤未果
エビと日本人II	村井吉敬
北朝鮮は、いま	北朝鮮研究学会編 石坂浩一監訳

岩波新書新赤版一〇〇〇点に際して

ひとつの時代が終わったと言われて久しい。だが、その先にいかなる時代を展望するのか、私たちはその輪郭すら描きえていない。二〇世紀から持ち越した課題の多くは、未だ解決の緒を見つけることのできないままであり、二一世紀が新たに招きよせた問題も少なくない。グローバル資本主義の浸透、憎悪の連鎖、暴力の応酬――世界は混沌として深い不安の只中にある。

現代社会においては変化が常態となり、速さと新しさに絶対的な価値が与えられた。消費社会の深化と情報技術の革命は、種々の境界を無くし、人々の生活やコミュニケーションの様式を根底から変容させてきた。ライフスタイルは多様化し、一面では個人の生き方をそれぞれが選びとる時代が始まっている。同時に、新たな格差が生まれ、様々な次元での亀裂や分断が深まっている。社会や歴史に対する意識が揺らぎ、普遍的な理念に対する根本的な懐疑や、現実を変えることへの無力感がひそかに根を張りつつある。そして生きることに誰もが困難を覚える時代が到来している。

しかし、日常生活のそれぞれの場で、自由と民主主義を獲得し実践することを通じて、私たち自身がそうした閉塞を乗り超え、希望の時代の幕開けを告げてゆくことは不可能ではあるまい。そのために、いま求められていること――それは、個と個の間で開かれた対話を積み重ねながら、人間らしく生きることの条件について一人ひとりが粘り強く思考することではないか。その営みの糧となるものが、教養に外ならないと私たちは考える。歴史とは何か、よく生きるとはいかなることか、世界そして人間はどこへ向かうべきなのか――こうした根源的な問いとの格闘が、文化と知の厚みを作り出し、個人と社会を支える基盤としての教養となった。まさにそのような教養への道案内こそ、岩波新書が創刊以来、追求してきたことである。

岩波新書は、日中戦争下の一九三八年一一月に赤版として創刊された。創刊の辞は、道義の精神に則らない日本の行動を憂慮し、批判的精神と良心的行動の欠如を戒めつつ、現代人の現代的教養を刊行の目的とする、と謳っている。以後、青版、黄版、新赤版と装いを改めながら、合計二五〇〇点余りを世に問うてきた。そして、いままた新赤版が一〇〇〇点を迎えたのを機に、人間の理性と良心への信頼を再確認し、それに裏打ちされた文化を培っていく決意を込めて、新しい装丁のもとに再出発したいと思う。一冊一冊から吹き出す新風が一人でも多くの読者の許に届くこと、そして希望ある時代への想像力を豊かにかき立てることを切に願う。

（二〇〇六年四月）

天児 慧

1947年岡山県に生まれる
1981年一橋大学大学院博士課程修了，87年同大学博士号取得
専攻－現代中国論，アジア国際関係論
現在－早稲田大学名誉教授，アジア共創塾塾長
著書－『中国革命と基層幹部』(研文出版)
『中国──溶変する社会主義大国』(東京大学出版会)
『中国改革最前線』(岩波新書)
『中国とどう付き合うか』(日本放送出版協会)
『巨龍の胎動』(中国の歴史 第11巻，講談社)
『アジア連合への道』(筑摩書房)
『日本再生の戦略』(講談社現代新書)
『日中対立──習近平の中国をよむ』(ちくま新書)
『「中国共産党」論』(NHK出版新書)
『東アジア 和解への道』(共編著，岩波書店)
『中国政治の社会態制』(岩波書店)
ほか多数

中華人民共和国史 新版　　岩波新書(新赤版)1441

2013年8月21日 第1刷発行
2022年3月4日 第5刷発行

著　者　天児《あまこ》 慧《さとし》

発行者　坂本政謙

発行所　株式会社 岩波書店
〒101-8002 東京都千代田区一ツ橋2-5-5
案内 03-5210-4000　営業部 03-5210-4111
https://www.iwanami.co.jp/

新書編集部 03-5210-4054
https://www.iwanami.co.jp/sin/

印刷製本・法令印刷　カバー・半七印刷

ISBN 978-4-00-431441-7　　Printed in Japan

人名索引

人名の配列は，カタカナ表記の人名を最初に掲げ，漢字表記の人名は姓の最初の字を日本語読みしたときの五十音順．姓が同音の場合は筆画数順．半濁音，濁音は後置．出典内の人名は省略．太字の頁は当該人名が章・節・窓見出しの一部になっている箇所を示す．

事項索引

事項の配列は，頭文字がアルファベットの事項を最初に掲げ，以下五十音順に従った．「　」は文書・著作，(　)は略称・別称，〔　〕は説明．太字の頁は当該事項が章・節・窓見出しの一部になっている箇所を示す．

サ　行

タ 行

ナ　行

ハ　行

中華人民共和国史年表

1945年　第2次大戦終了／蒋介石・毛沢東，重慶会談
1946年　国共全面内戦へ
1949年　中華人民共和国成立宣言(10/1)
1950年　中ソ友好同盟相互援助条約調印(2)／中国土地改革法公布(6)
1953年　毛沢東「過渡期の総路線」提唱，社会主義化を目指す(8)
1954年　中共中央，高崗・饒漱石を反党分子として除名(2)／第1期全人代第1回会議開催：憲法採択，毛沢東を国家主席に選出(9)
1955年　毛沢東「農業合作化の問題について」報告(7)，合作化進む
1956年　フルシチョフ，ソ連第20回党大会でスターリン批判の秘密報告(2)／人民日報編集部「プロレタリア独裁の歴史的経験について」発表(4)／毛沢東「十大関係論」講話(4)／中共，百花斉放・百家争鳴提唱(5)／中共第8回大会：劉少奇「政治報告」(9)
1957年　毛沢東「人民内部の矛盾を正しく処理する問題について」を講話(2)／中共，民主党派と座談会(4-5)／人民日報社説「これは一体どういうことか」を掲載(6/7)：以後「反右派闘争」展開
1958年　中共第8回大会第2回会議開催：「社会主義建設の総路線」提唱(5)／大躍進運動始まる／人民公社の建設急ピッチで進む
1959年　第2期全人代第1回会議，劉少奇，毛に代わり国家主席に／彭徳懐，大躍進批判の意見書提出(7)：中共8期8中全会で彭徳懐らを反党集団とする決議採択(8)／中国全土で餓死者急増
1961年　中共8期9中全会「大躍進政策」停止，経済調整政策へ／61-62年，深刻な被災地では農家生産請負制広がる
1962年　中共中央拡大工作会議(七千人大会)開催：毛沢東，部分的に自己批判(1)／鄧小平「白猫黒猫論」主張(7)／中共8期10中全会：毛沢東，階級闘争重視を強調：農村社会主義教育運動開始(9)
1963年　人民解放軍「雷鋒に学べ」運動呼びかける(2)／中共中央，農村社会主義教育運動「前十条」公布(5)／人民日報「紅旗」編集部論文により，中ソ論争公然化(9)／「後十条」公布(9)
1964年　人民日報社説「全国は解放軍に学ぼう」を掲載(2)：春，「工業は大慶に学ぼう」「農業は大寨に学ぼう」運動始まる／中共中央「国防三線建設」を提起(6)／初の原爆実験に成功(10)／第3期全人代第1回会議開催：周恩来，「4つの近代化」提唱(12)
1965年　毛沢東，初めて「党内の資本主義の道を歩む実権派」に言及(1)／姚文元「呉晗作新編歴史劇『海瑞免官』を評す」を発表(11)
1966年　中共「5・16通知」採択，中央文革小組設置(5)／紅衛兵「造反」

を叫んで登場(6)／中共8期11中全会「プロレタリア文化大革命についての決定」採択(8)／毛沢東「司令部を砲撃せよ」との大字報を発表(8)／中共中央工作会議で劉・鄧が自己批判(10)

1967年　中共中央，人民解放軍の奪権闘争介入を指示(1)／上海コミューン成立，間もなく「革命委員会」に改称(2)／「2月逆流」事件発生，老幹部の抵抗表面化／武漢事件発生(7)

1968年　新疆・チベットを最後に全国29の一級行政区に革命委員会成立(9)／中共8期12中全会開催：劉少奇永久除名

1969年　ウスリー江の珍宝島で中ソ武力衝突(3)／中共第9回大会開催：林彪を毛の後継者とする新党規約採択

1970年　中共9期2中全会で林彪派の陳伯達批判される(8-9)

1971年　林彪クーデター未遂事件(9)／中国国連に加盟(10)

1972年　ニクソン訪中：米中関係改善開始(2)／日中国交正常化(9)

1973年　鄧小平，副総理として復活(4)／中共第10回大会開催：周恩来「政治報告」，王洪文党副主席に(8)

1974年　批林批孔運動開始(2)／鄧，国連で「3つの世界論」演説(4)

1975年　第4期全人代第1回会議開催：周恩来「4つの近代化」を再提起：鄧，軍事委員会副主席兼総参謀長，党副主席に(1)／水滸伝批判運動始まる(8)／「農業は大寨に学ぶ」全国会議開催

1976年　周恩来死去(1)／第1次天安門事件発生：鄧小平再び失脚．華国鋒，国務院総理に就任(4)／唐山大地震発生(7)／毛沢東死去(9)／「四人組」逮捕・失脚：華国鋒，党・軍のトップに就任(10)

1977年　中共10期3中全会，鄧小平の再復活を決定(7)／中共第11回大会開催：華国鋒「政治報告」：文革終了宣言(8)

1978年　第5期全人代第1回会議：華国鋒「洋躍進」路線進める(2)／「真理基準論争」始まる(5)／北京市党委「天安門事件は革命的行動」と逆転評価(11)／中共11期3中全会，近代化建設を決定(12)

1979年　米中国交樹立(1)／中越戦争(2)／鄧小平，中央工作会議務虚会で「4つの基本原則」を提唱(3)／民主運動家・魏京生逮捕(3)／中共中央，深圳など4つの経済特別区設置を決定(7)

1980年　中共11期5中全会，劉少奇の名誉回復(2)／鄧小平「党と国家の指導制度の改革について」講話(8)／第5期全人代第3回会議で趙紫陽，華国鋒に代わり総理に(8)／林彪・「四人組」裁判(11)

1981年　中共11期6中全会「歴史決議」採択(文革・毛沢東評価に決着)：胡耀邦，華国鋒に代わり党主席に(6)／葉剣英，台湾統一で「九項目提案」を発表(9)

1982年　中共第12回大会開催：鄧小平開会の辞，胡耀邦が総書記に就任，工農業総生産額目標を1980年の4倍増提起(9)／第5期全人代第5回

会議開催：新憲法公布，人民公社解体決定(11)
1983年　中共12期2中全会「整党に関する決定」採択：「ブルジョア精神汚染一掃」キャンペーン始まる(10)
1984年　中共中央「郷鎮企業建設」呼びかける(3)／国務院，14都市を対外経済開放都市に指定(4)／鄧小平「一国二制度論」提起(6)／中共12期3中全会「経済体制改革に関する決定」採択(10)／中国作家協会第4回全国大会「創作の自由」を強調(12)／中英両国政府，香港返還に関する共同声明発表(12)
1985年　郷鎮人民政府9万2000，村民委員会82万成立(6)／中共全国代表者会議開催：胡啓立，李鵬ら若手幹部多数登用(9)／北京で中曽根康弘首相の靖国神社公式参拝に抗議して反日デモ(9)
1986年　鄧小平「経済体制改革は5年以内に全面的に完成，その中に幾つかの政治体制改革を含む」と発言(7)／中共12期6中全会「社会主義精神文明決議」採択(9)／合肥で民主を求める学生運動発生／鄧「旗幟鮮明にブルジョア自由化に反対せよ」と通達(12)
1987年　中共中央政治局拡大会議で胡耀邦の総書記辞任，趙紫陽の総書記代行を決定(1)／鄧小平「近代化の障害でより大きなものは“左”」と発言：趙紫陽「宣伝・理論・報道・党校幹部会議」で再び改革促進へ(5)／台湾「自立晩報」記者，親族訪問で初めて大陸訪問(9)／中共第13回大会開催：趙紫陽「政治報告」：社会主義初級段階論，政治体制改革案盛り込む(10-11)
1988年　中共中央，蔣経国総統の死去に弔電(1)／中国・ポルトガル政府，マカオ問題に関する共同声明発効(1)／第7期全人代第1回会議開催：楊尚昆国家主席，李鵬総理，万里全人代委員長に就任：海南省設置，正式に決定(3-4)／中共13期3中全会開催：重点をインフレ抑止を含む経済の整備・整頓に決定(9)／鄧小平，「国際政治新秩序の確立」を提唱(9)／官倒の象徴「康華発展総公司」を整頓(9)／国務院の若手研究者「新権威主義論」を提起(12)
1989年　方励之ら，政治犯釈放を求め鄧小平に直訴状を提出(1)／胡耀邦前総書記死去：同氏を追悼し学生運動盛り上がる：当局，学生運動を動乱と規定：学生これに強く反発(4)，ゴルバチョフ訪中にあわせて，市民を巻き込んだ民主化要求運動に発展(5)／北京に戒厳令施行(5/20)／人民解放軍，北京を軍事制圧(6/3-4)／中共13期4中全会開催：趙紫陽の全職務解任，江沢民の総書記選出決定，今回の民主化運動を「反革命暴乱」と規定(6/24)／中共13期5中全会，鄧の中央軍事委員会主席辞任を決定，江沢民後任へ(11)／マルタ米ソ首脳会談，冷戦終結を確認(12)
1990年　インドネシア(8)，シンガポール(10)と国交正常化

1991年　皇甫平論文，解放日報で改革の加速力説(2-4)／台湾，反乱鎮定期の終結を宣言(5)／中越国交正常化(11)／ソ連消滅(12)
1992年　鄧小平，改革開放の加速を強調：南巡講話(1-2)／韓国と国交正常化(8)／中共第14回大会，社会主義市場経済を基本方針へ(10)／天皇皇后初めて訪中(10)
1993年　中台民間首脳第1回会談シンガポールで開催(4)／江沢民訪米しAPEC非公式首脳会談に出席(11)
1994年　クリントン大統領，人権問題とMFNの切り離しを決定(5)
1995年　江沢民，台湾「8項目提案」(1)／李登輝総統訪米：中台関係緊張(6)／中共14期5中全会，江沢民「12大関係論」を提示(9)
1996年　中国軍，台湾総統選挙で軍事演習：米国，空母2隻で牽制(3)／中共14期6中全会「社会主義精神文明建設決議」採択(9)
1997年　鄧小平死去(2)／香港，中国に返還(7)／橋本龍太郎首相訪中，日中関係の修復を確認(9)／中共第15回大会開催：国有企業改革社会主義初級段階論など提起(9)／江沢民訪米：米中関係を「建設的戦略的パートナーシップ」と表現(10)
1998年　第9期全人代第1回会議，国家副主席に胡錦濤，全人代委員長に李鵬，総理に朱鎔基を選出(3)／中共中央台湾工作会議開催：「台湾人民の心情を深く理解し，台湾人民の利益と願望に配慮」と強調(5)／クリントン大統領訪中：台湾問題で「3つのノー」を発言(7)／江沢民来日：歴史問題をめぐり対立(11)
1999年　NATO軍，ベオグラード中国大使館爆撃(5)／李登輝「中台は特殊な国と国の関係」と発言(7)／中共15期4中全会，胡錦濤を軍副主席に(9)／建国50周年式典(10)／マカオ，中国に返還(12)
2000年　江沢民，党を「3つの代表」と規定(2)／陳水扁総統「民主と対等」で「1つの中国問題」解決と発言(5)
2001年　第9期全人代第4回会議開催：2010年GDPを2000年の倍増へ(3)／上海協力機構成立(6)／中共創立80周年記念大会開催：私営企業家の入党を容認(7)／中ロ善隣友好条約締結(7)／米国で同時多発テロ事件発生(9)／APEC首脳会談で江沢民・ブッシュ，反テロ協力強調(10)／中国，WTOに正式加盟(12)
2002年　ブッシュ大統領訪中：「1つの中国」を遵守と同時に「台湾関係法」も堅持と語る(2)／陳水扁，「一辺一国(それぞれが1つの国家)」論を主張(8)／中共第16回大会：政治報告で「中華民族の偉大な復興」盛り込む，胡錦濤総書記に就任(11)
2003年　第10期全人代第1回会議，胡錦濤を国家主席，温家宝を総理に選出(3)／3月SARS，各地に広がり，死者49人を出して終息(8)／有人宇宙船「神舟5号」の打ち上げ成功(10)

2004年　第10期全人代第2回会議,「三農問題」重視を強調(3)／尖閣近海でガス田採掘施設の建設に着手(5)／中共16期4中全会開催：胡錦濤,軍事委員会主席に就任(9)

2005年　第10期全人代第3回会議：「反国家分裂法」採択,「和諧社会」目指す(3)／日本の国連安保理常任理事国入りに反対デモ(4)／有人宇宙船「神舟6号」打ち上げ(10)／第1回東アジアサミット,クアラルンプールで開催：EAC参加国をめぐり日中が対立(12)

2006年　上海市のトップ陳良宇党書記を汚職で解任(9)／安倍晋三,首相として5年ぶりに訪中(10)／胡錦濤主席,インド訪問(11)

2007年　第10期全人代第4回会議,私有化を進める物権法など採択(3)／温家宝総理訪日：日本の戦後の平和発展の道を高く評価,中国の近代化建設での日本の支援を中国は忘れないと国会で演説(4)／中共第17回大会開催：党規約に「科学的発展観」明記(10)／福田康夫首相訪中,戦略的互恵関係強化で一致(12)

2008年　中国の冷凍餃子による食中毒事件発生(1)／チベット・ラサで大規模な暴動(3)／胡錦濤主席来日：東シナ海海底資源共同開発で合意,四川大地震発生,馬英九総統就任演説で統一をめぐる「三不政策」を表明(5)／北京オリンピック開催(8)／国務院,世界金融危機で景気回復のための4兆元(57兆円)投入など内需拡大策を決定(11)／中台間の全面的「三通」(海運・航空・郵便)始まる(12)

2009年　新疆でウイグル族の大規模な抗議暴動起こる(7)(10)／オバマ大統領就任後初の中国訪問(11)／習近平国家副主席来日(12)

2010年　党中央1号文件,「城鎮化」と「新世代農民工」問題を重要視(1)／上海万博開催(5-10)／尖閣諸島近海で中国漁船が海上保安庁巡視船に衝突,日中関係急激に悪化(9)／「08憲章」の起草者で獄中の劉暁波ノーベル平和賞受賞(10)／中国GDPで世界第2位に

2011年　胡錦濤主席,米国を公式訪問(1)／第3回米中戦略経済対話,ワシントンで開催：初の戦略安全保障対話も実現(5)／共産党創立90周年祝賀大会,浙江省で高速鉄道事故(7)

2012年　薄熙来,重慶市党書記解任後,政治局委員も解任(4)／陳光誠米国に亡命(5)／中国当局と台湾当局,日本の「尖閣国有化」決定に強く抗議：全国の都市で反日抗議行動起こる,日中国交正常化40周年記念式典中止(9)／莫言ノーベル文学賞受賞(10)／中共第18回大会開催,習近平党総書記に(11)

2013年　鉄道部を廃止し交通運輸部に.国家海洋局も再編強化(3)／第12期全人代第1回会議開催：習近平を国家主席,李克強を国務院総理,李源潮を国家副主席に任命(3)／人民日報,「琉球の帰属は未解決」との論文を掲載(5)

主要文献リスト

『毛沢東選集』1-5巻，北京・外文出版社，1968年，1977年
『毛沢東思想万歳』東京大学近代中国史研究会訳，三一書房，1974年
『鄧小平文選』1-3巻，人民出版社，1993年
『中国共産党執政四十年(1949-1989)』(馬斉彬・陳文斌・林蘊華・叢進・王年一・張天栄・卜偉華編)中共党史出版社，1991年
『新中国四十年研究』北京理工大学出版社，1989年
『中国共産党史資料集』(日本国際問題研究所中国部会編)1-12巻，勁草書房，1970-1975年
『新中国資料集成』(日本国際問題研究所中国部会編)1-5巻，日本国際問題研究所，1963-1971年
『中国大躍進政策の展開 資料と解説』(日本国際問題研究所現代中国研究部会編)上下，日本国際問題研究所，1973-1974年
『原典中国現代史』1-8巻，別巻1，岩波書店，1994-1996年
『岩波講座現代中国』1-6巻，別巻2，岩波書店，1989-1990年
宇野重昭他『現代中国の歴史 1949～1985』有斐閣，1986年
エドガー・スノー『中国の赤い星』筑摩書房，1964年
厳家祺・高皐『文化大革命十年史』上下，岩波書店，1996年
馮驥才『庶民が語る中国文化大革命』講談社，1988年
寒山碧『鄧小平伝』伊藤潔訳，中央公論社，1988年
竹内実編『ドキュメント現代史16　文化大革命』平凡社，1973年
張承志『紅衛兵の時代』岩波書店，1992年
岡部達味『中国近代化の政治経済学』PHP研究所，1989年
呉敬璉『中国の市場経済　社会主義理論の再建』サイマル出版会，1995年
毛里和子『現代中国政治』名古屋大学出版会，1993年
中兼和津次『中国経済発展論』有斐閣，1999年
加藤弘之『中国の経済発展と市場化』名古屋大学出版会，1997年
『現代中国の構造変動』1-8巻，東京大学出版会，2000-2001年
『毛沢東伝 1949-1976』上下，中央文献出版社，2003年
天児慧『巨龍の胎動　毛沢東VS鄧小平』(中国の歴史第11巻)，講談社，2004年
ロデリック・マクファーカー，マイケル・シェーンハルス『毛沢東最後の革命』上下，朝倉和子訳，青灯社，2010年
安藤正士『現代中国年表 1941-2008』岩波書店，2010年